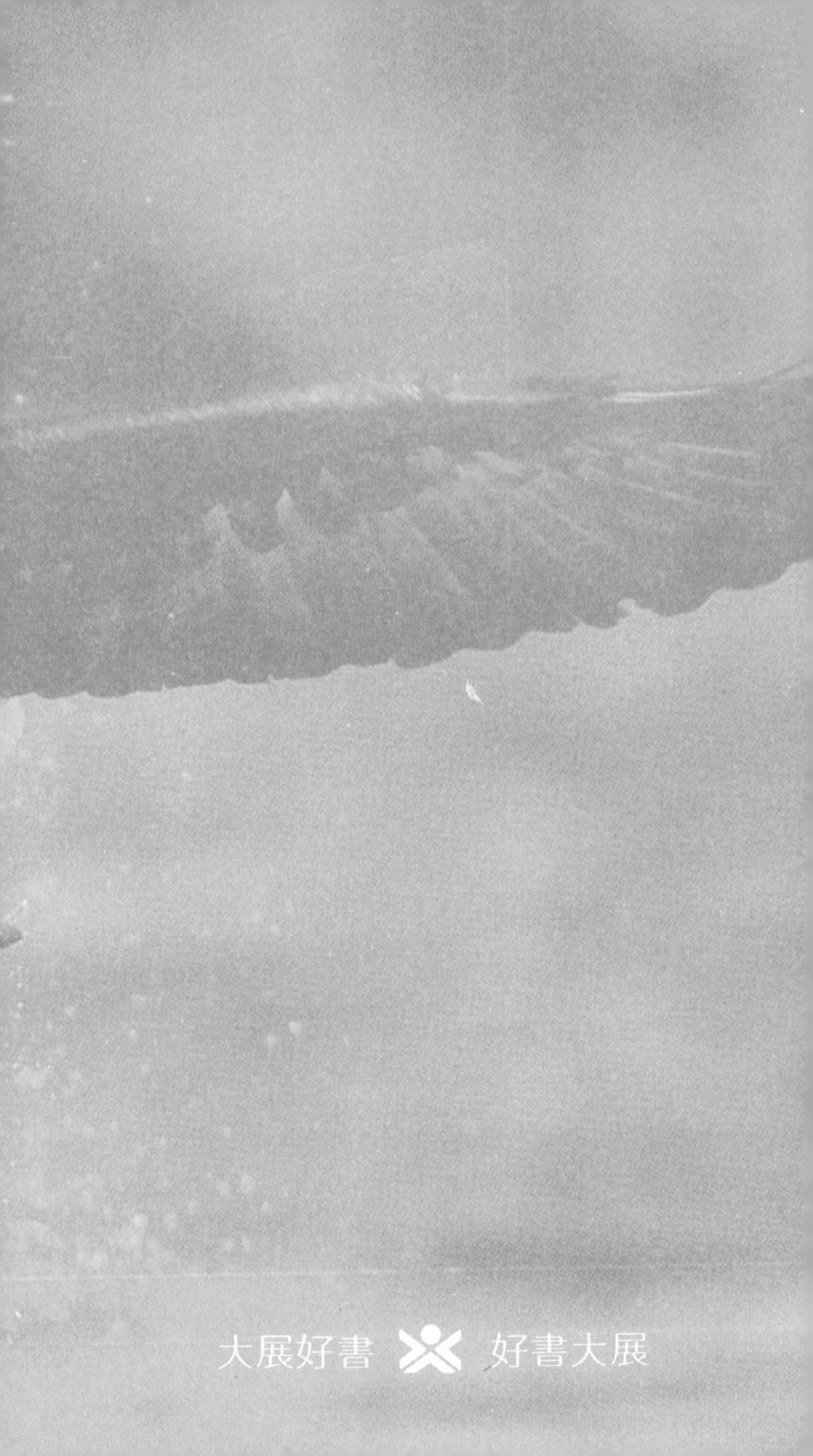
大展好書 好書大展

大展好書 好書大展

趣味心理講座11

性格測驗⑪
敲開內心玄機

淺野八郎／著
李玉瓊／譯

大展出版社有限公司

前言——心靈深處有何玄機？

有人說：「即使可以到地球上各個角落探險，也無法揭穿人心之謎。」換言之，人心是充滿著混沌、迷惘。

我們的心中無時無刻有層出不窮的慾念、想法。那是因為其中混雜著對難以解決的人際關係的不安、恐懼或無意識中潛伏著的各種願望或慾求不滿。

雖然人會盡量否定或掩飾隱藏在心靈深處的動搖或慾念，然而卻無法完全地抹滅。潛伏在人心深處的朦朧意念，乃是個人也難以自覺的深層心理，它在某個誘因的順勢一推，會以一個方式呈現出來。

本書的目的就是要探討平常不為人所覺的深層心理。也許在您閱讀過本書之後，對您周遭世界會有一百八十度的改觀吧。

目錄

第四章　直覺和心理的微妙關係

第五章　夢與心理的奇妙關係

第一章　生活與心理的正面關係

早上起床、洗臉、用餐、換衣服、搭車、打電話、購物、上廁所、約會、飲茶……。回顧一天生活，你會發現在二十四小時內有各種繁瑣、零碎的行動。

而在我們不經意所表現的行動中，隱藏著凸顯該人所隱藏的性格或特徵的暗示。隨時流露出的癖性或細微的動作中，到底暗示著什麼呢？

Q 1 等待時的行動

你現在正等候著電梯。因為按遲電梯鈕一步，沒有趕上上一個電梯。而一般人等候電梯時不可能一直保持「立正」的姿勢。

請你回想在等候電梯時會做什麼事，然後從下面的項目中選出最常表現的行為。

A、禁不住反覆數次按壓電梯鈕。

B、有時會在地上跺腳。

C、抬頭看天花板或環視周遭的廣告招牌。

D、注視地面。

E、盯著樓層表示燈心，想一旦電梯門開立即衝進電梯。

A1 隨意的行為所表現的深層心理

〈解說〉

據說日常生活中，隨意所表現的行為，才會暴露真正的自己。

這是探討在意識的作用下，無法表現的另一個自己的測驗。

不僅是自己，也可藉此暗中觀察他人的舉動，你將發現其中的妙趣無窮喔！

〈診斷〉

A、禁不住反覆數次按壓電梯鈕的人

渴望能劍及履及的行動派。而且，一旦沉迷其中則渾然忘我。有時因為過度熱衷而疏忽了其他的事情。這種類型者具有幽默感、待人隨和，具有人緣。如果從事與人接觸的工作應可發揮天生具有的能力。

啊，小姐，
今天有空嗎？
啊，你們是
那一個部門
的？
連等電梯
的時間也
不浪費…
…
…

B、有時會在地上跺腳

這種人略帶神經質。感性敏銳，能憑直覺一眼洞穿與他人的匹配性⾢否。具有藝術性的才華，若因材得所，則能大放異彩。

C、抬頭看天花板或環視周遭廣告招牌的人

知識豐富、心地善⾢，不過，與人相處時不願意暴露自己的缺點，而往往架起一道防線，因此，有時會被人誤解是冷淡的人。

雖然交際範圍不廣，卻能培育深厚的友誼。同時，具有優越的數字能力，在理工科上能發揮卓越的能力。

D、注視地面的人

似乎顯得有些消極。您是否很難具實地表白自己的內心事呢？

但是，這種人心地非常坦率。理所當然地相信他人、愛他人，在人際關係上的糾紛較少吧！也具有爛好人的一面，不過，在與人相處上會發揮潤滑油的功用。

E、盯視著樓層表示燈的人

你是非常小心謹慎的人，絕不會做冒險的事。

即使有義理人情上的糾葛，也絕不插手不合道理的合理主義者。

絕不會為一時的感情所惑，總是條理分明地採取行動，因而深獲晚輩或部屬的信賴。

但是，如果我行我素的行止過度，會使旁人無法跟進，這一點可要注意。

Q 2

你會排在那一行？

現在你在車站裡。但是，人潮雜沓每個售票機前已大排長龍。當你環視併排成一列的售票機前的景況，其混雜程度不分軒輊。判斷之下只能排在其中某一列的最後。

那麼，你會跟隨在橫排成一列的售票機的那一個行列之後？

A、正向看去右側的行列。

B、正中央的行列。

C、正向看去左側的行列。

到處都是人

A2 保守型或挑戰型

〈解說〉

這是探討你的目標指向，身邊周遭或遙遠未來的事物的測驗。

人的行動，無形中會傾向於左或右側。

譬如，筆直寫下來的文字，會自然地呈現彎曲或不知不覺中走在馬路的右端。右側是未來區域，左側是過去區域。根據無意識中所選擇的方向，可以判斷你的潛在意識。

〈診斷〉

A、回答排在正向右側行列的人

中央往右的方向是表示未來的區域。這種傾向越往右越強烈。因此，回答排在最右端行列的人，對工作的積極度也相當高。

朝遠大的夢想或未來的目標躍進的企圖心非常強的類型。

不畏失敗，一再地擴大工作層面，不過，有時夢想過大而導致嚴重的失敗。

B、回答排在正中央行列的人

中央附近是表示現在的區域。換言之，並不會對未來的事情胡思亂想，只緊緊掌握目前所處的立場而採取行動的類型。

能順應自己目前的工作或問題採取行動，而不談虛幻的遠大目標，為其努力奮鬥的問題。

雖然沒有遠大的夢想，卻不會因反覆再三的顧慮分心，而造成腳踏兩條船的迷惘，行動勝於思考者。

C、**回答排在正向左側行列的人**

中央偏左側是過去的區域。經常反省過去的經驗而採取行動，因此，思考模式常有後退的傾向。

消極性，重視過去的實績或經驗的保守型。在採取行動之前會做各個角度的檢討，因此，掌握時機以致勝的工作恐怕會被捷足先登。

但是，不會有重大的過失，若能運用豐富的知識，從事堅守老舖型的傳統企業的工作，必有大成。

Q3 「愛」的文字占卜

請用毛筆寫一個傳達你的愛情訊息的「愛」。

寫這個字時你最注意那一個筆劃呢？

請瞬間地看過左列的項目後作答。

A、「愛」的第一劃。

B、「愛」的第六劃。

C、「愛」的第八劃。

D、「愛」的第十三劃。

A 3 線形所表現的性格

〈解說〉

漢字乃是線條的集合體。平凡無奇的線條也有個人的喜好差別。法國常有這類習字測驗，根據選擇瞬間所喜歡的線條而探討該人的性格。

〈診斷〉

A、選擇「愛」的第一劃的人＝熱情、感動型

你是會明白地表示自己的好惡的人。因為你坦率地表達自己的感情，而被人風評是熱情家。同時，你會積極努力直到自己渴望的事物佔為己有。越難以實現的事情越能燃起鬥志，凡事都想插手的努力型。

因此，不喜歡因循老套的生活方式，若從事自由業或自營業應可發揮天生的能力！

B、選擇「愛」的第六劃的人＝慎重、安全型

是所謂「敲石橋再渡橋」的類型。

平常常有不切實際的發言，然而事到關頭則表現保守性，在決策上相當慎重。絕不會為了伸張自己的意見而反抗父母或上司、前輩。

但是，務實的努力從不懈怠。會忠實地實踐所被賦予的任務。因而在公司上深獲重視。

C、選擇「愛」的第八劃的人＝反抗、反駁型

當你被他人指使或命令做某事時，會產生反抗心。是屬於叛逆型的人，藉由反抗而燃起激昂的鬥志。

討厭大衆化，也因而具備在創造性的分野上的才華。

不過，卻非對任何事都表示反抗。

只要是自己認為正確的事，即使招惹衆敵也會孤軍奮鬥、頑強抵抗。

D、選擇「愛」的第十三劃的人＝知性、合理型

當你碰到困難的問題會從各種角度給予分析，再做正確的判斷。

因而可能被認為是冷酷、冷淡的人。

因為，你對任何事的反應的都極為冷靜，鮮少表現嚎啕大哭、狂笑等激烈的感情起伏。你不會被感情所左右，能確實地根據狀況而判斷，因而適合從事司法關係的行業或教職。

Q 4 注意危險的粉紅陷阱？

人稱戀愛是盲目的。男女二人交往並無法因短暫時日的認識而完全地瞭解對方的性格。因此，本測驗就根據舉止行為，或持用品來探討意中人的危險度。

據說即使結褵多年的夫婦，有時從對方不經意所流露的動作中，也會驚訝地發現其鮮為人知另一面。那麼，你的意中人又如何呢？

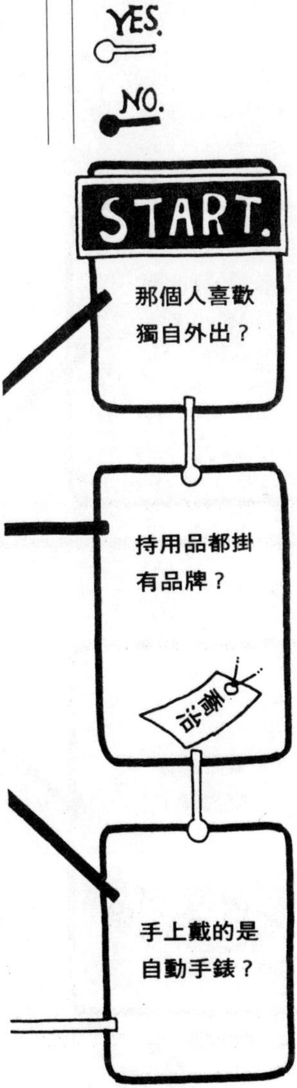

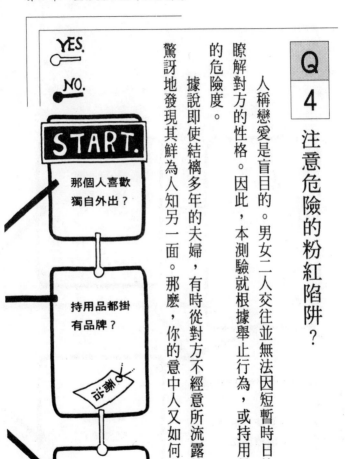

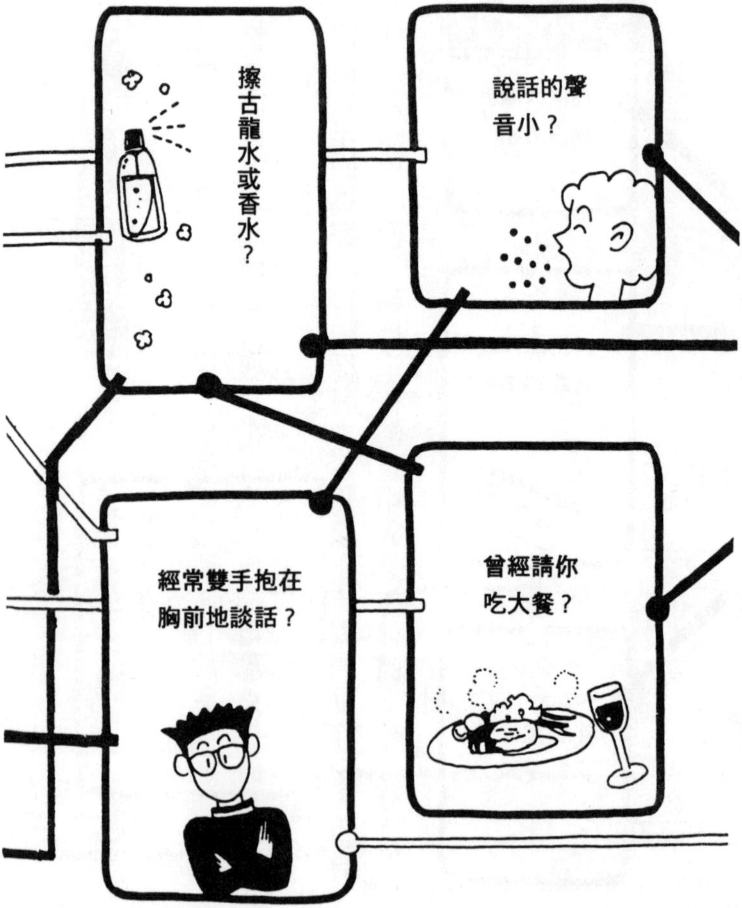
擦古龍水或香水？
說話的聲音小？
經常雙手抱在胸前地談話？
曾經請你吃大餐？

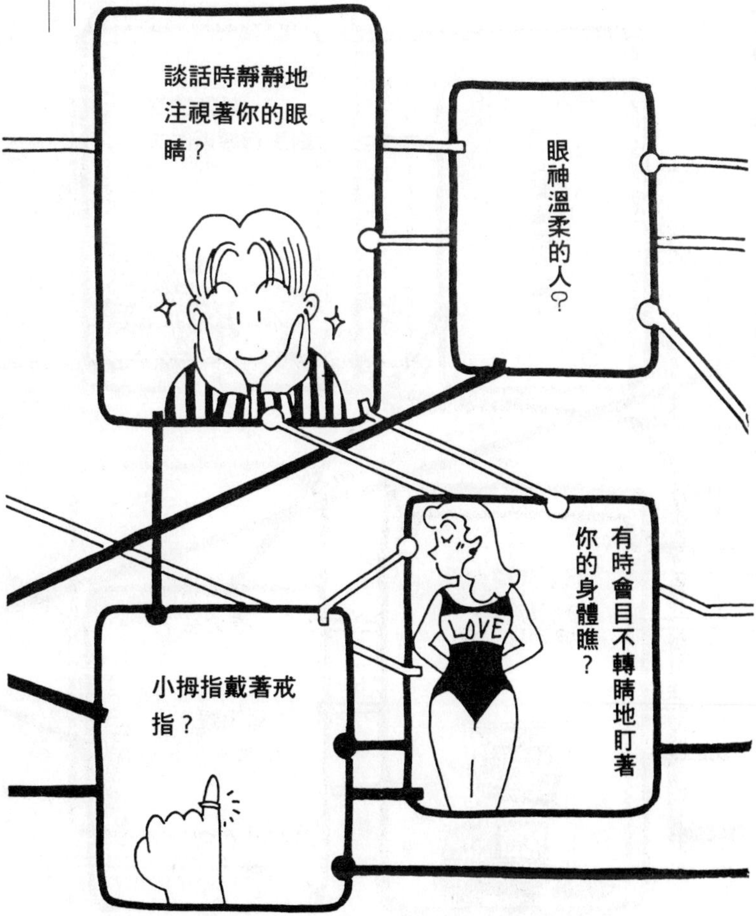
談話時靜靜地注視著你的眼睛？
眼神溫柔的人？
有時會目不轉睛地盯著你的身體瞧？
LOVE
小拇指戴著戒指？

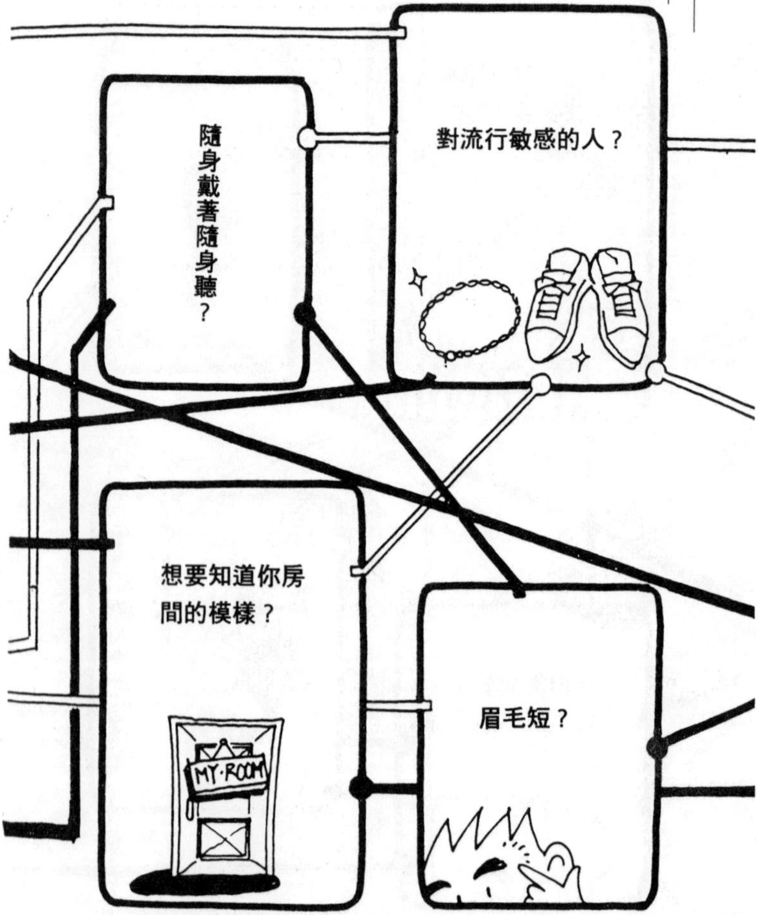
隨身戴著隨身聽？
對流行敏感的人？
想要知道你房間的模樣？
MY·ROOM
眉毛短？

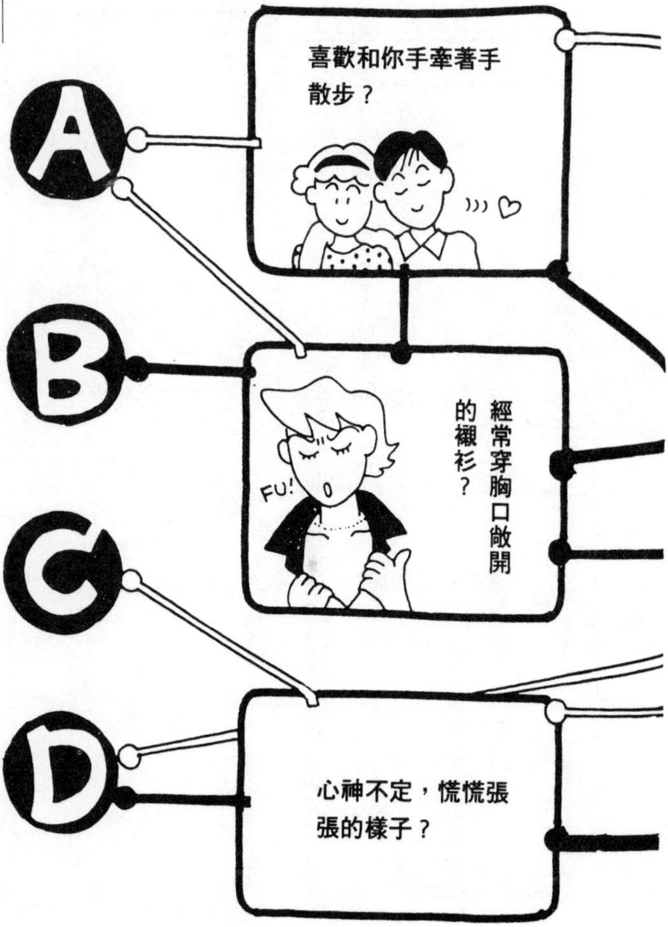
喜歡和你手牽著手散步？
經常穿胸口敞開的襯衫？
FU!
心神不定，慌慌張張的樣子？

A4 瞭解對方的危險度

〈診斷〉

A＝變化莫測型

這種類型者擅長社交。

不論面對同性或異性都能留意表現活潑開朗的態度，因而使得周遭的氣氛融洽，笑聲不斷。與這種人相處令人愉快，甚至忘了時間的流逝。

但是，這種類型者有時會突然判若兩人，而令你驚訝不已。

也許和你的交往只不過是逢場作戲，真正的意中人另有他人，交往越久態度可能變得冷淡。因此，對方的態度是否有令人奇怪的地方，在細微末節的小事上可要留意。

B＝遊戲人間型

這種人是習慣人間遊戲的類型。

不愛獨處而喜歡與衆人熱鬧在一塊，相處的對象渴望是異性而非同性，因此，毫不顧忌地邀請異性同遊。

而這種人邀約的手段高明，你在不知不覺中會落入對方的掌握中。

但是，他卻不會主動告知你電話號碼或經常不在家，身邊充滿著謎團的人。

這種人當你越沈迷時越會保持距離而表現冷淡。如果你的誠意能感動他，也許會有回心轉意的時候，不過，若無此種跡象最好放棄，不要窮追不捨。

C＝浪漫主義型

一般而言這種類型都是浪漫者。如果雙方情投意合將是最佳拍檔。

但是，一旦栽入情網就渴望將你佔為己有，當你稍做外出或參與朋友的宴會時，會擔心得坐立難安。這樣的態度也許會令你惱怒吧！

D＝友情發展型

這種人對你而言彷彿是值得倚賴的前輩。具有責任感，是可以安心交往的人。對你們的交往表現認真的態度，絕對不追求超越自己能力追求浮華，懂得體貼你的感受。

不論做為情人或朋友都是能維持信賴關係的人。

YES?
NO?
BOYS
LOVE

Q 5 潤唇膏的秘密

對不起，請你從皮包裡掏出妳慣用的口紅。
如果是男性或沒有隨身攜帶口紅的人，則拿出潤唇膏。
妳的口紅呈現何種磨損狀呢？

A、漂亮的曲度。
B、凹陷狀。
C、平坦狀。
D、呈尖狀。
E、鉅齒狀。

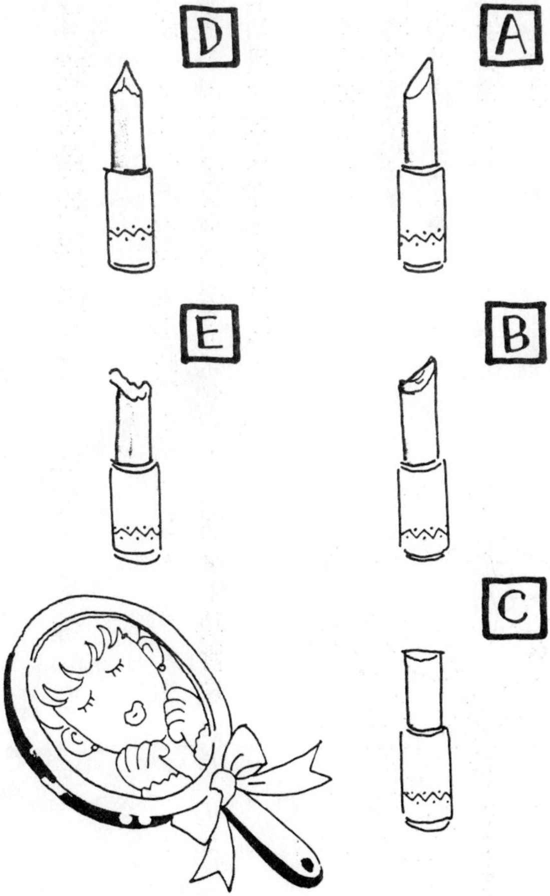
D
A
E
B
C

A5 愛用品的使用法所表現的時髦感

〈解說〉

口紅或潤唇膏是我們日常經常使用的物品，但是鮮少在大眾之前使用。因此，其使用法會暴露你在衆人前不會表現的個性。

〈診斷〉

A、回答是漂亮曲度的人

隨時注意清潔，服裝整齊。

雖然不是追求流行的類型卻也不無關心。具備準確的眼光，能選擇適合自己的衣物，絕不會穿戴一身與自己不搭調的華麗服飾。

同時，對流行會有自己的創意並能從中搭配得宜。

B、回答是凹陷狀的人

在選購服裝或裝飾品時，常因不知做何抉擇而煩惱。對時髦相當注意，喜歡看流行服飾雜誌或逛街，卻不擅長客觀地判斷何者最適合自己。

C、回答是平坦狀的人

潤唇膏或口紅呈平坦狀磨損的人，重視自己的個性。行動敏捷，能迅速地做判斷，在流行服飾上也基於自己的格調做決定。不喜歡模仿他人的時髦。

D、回答呈尖狀的人

具有獨特的流行品味。即使是大膽突出，走在流行先端的服飾也能果敢地嘗試。而且永遠趕得上時代潮流，因而令旁人敬重三分。

對流行極為敏感，又擅長與自己的個性做搭配。

E、回答是鉅齒狀的人

你非常喜歡時髦，對流行也敏感。

但是，常有衝動購買的行動，你的櫥櫃裡塞滿著各式各樣的服飾。今天穿牛仔衣，明天穿休閒服，對服飾的喜好瞬息萬變，有時會配的極不協調。

天生具有卓越的流行品味，因此，應節制衝動購物的舉動，對自己的個性多磨練吧！

Q6 婚後的他？

男人一旦結婚後多少都會有所改變。

如果婚後肩負起家庭的重責，變成值得倚賴的人最好，若是一結婚即露出原本一無是處、沒出息的面貌，可是個大問題。

因此，現在我們就來看看目前你所交往的男友在婚後會有何變化。

從測驗A到測驗E共有五大題。在各個問題中質問的內容與你相符者用○、認為有可能者用△、與你的情況不相符者用×作答。

測驗A

①不可能為非作歹的類型（○△×）

②兄弟姊妹中以姊妹的人數較多（○△×）

③長男或獨生子（○△×）
④我不在身邊則束手無策的人（○△×）
⑤遲疑著難以作出決斷（○△×）

測驗B

①出差或旅行必定打電話回來（○△×）
②立即察覺妳流行服飾上的稍微變化（○△×）
③屬於嫉妒心強的人（○△×）
④約會後分手時，一直目送妳離去（○△×）
⑤立即發覺妳的口紅顏色改變（○△×）

測驗C

①即使身體感到不舒服，只要主動邀約，則會捨命陪君子的類型（○△×）

②對任何女性都親切（○△×）
③有其熟悉的酒店（○△×）
④深得後進或同事的信賴（○△×）

測驗D

①約會的行程多半已變成老套（○△×）
②由妳主動約會的次數較多（○△×）
③常聽到男友說：「由妳決定！」（○△×）
④交往期間已達三年以上（○△×）
⑤是長男（○△×）

測驗E

①認為他的步伐快速（○△×）

②會決定約會的場所（○△×）
③在任何場合都不顧忌地抽煙（○△×）
④有時重要的事情會擅自決定（○△×）

〈**採分**〉各測驗結束後請依○是五分、△三分、×一分的算法計算出總分。測驗A到測驗E的五個測驗中總分最高的，就是妳的男友的性格類型。

如果同分請閱讀兩者的解說。也許妳的他兼具兩者的性格。基本上請參照○的數目較多的類型（如果○數一樣時則選擇×數較少者）。

A 6 瞭解婚後的夫婦生活

〈解說〉

對女性而言交往中的男女，婚後有何變化幾乎是左右其一生的重大問題。為了避免婚後懊悔沒有看清男友的真面貌，在交往中不妨暗中地揣測婚後的他，可能產生的變化吧！

目前男友的一舉一動中隱藏有脈絡可循的徵候。

〈診斷〉

A＝戀母情結型

平常顯得乖順老實的他。穩健的性格與溫柔的態度是其魅力。不過，培育成這種個性的過程中母親的影響非常大。多半是深受母親或姊妹們的疼愛、百般呵護下而長大。因此，長大成人之後也常有無法獨當一面的情況。

平常顯得必須有人在旁耳提面命的脆弱，也許也是一種魅力，不過，婚後這種態度會令人感到厭倦。

如果妳是行動敏捷的女強人型，也許可以和這種類型的男性搭配得宜。

B＝獨佔型

他似乎隨時擔心著妳可能離他而去。原因並非妳是紅杏出牆的女人，而是出於他與生俱有的強烈嫉妒心。

男性產生嫉妒乃是愛情的證明。多少的爭風吃醋就任由他去吧！不過，他的監視過於嚴苛而可能在婚後令妳感到窒息。

如果能善加控制其嫉妒心則無大礙。

C＝八面玲瓏

不知是心胸寬大或風流成性，總之，妳的男友經常令妳吃醋。也許除了妳之外還有其他的女性。

婚後這種性格也不可能改變。恐怕會露出外遇的馬腳而引起一番大騷動。對任何人都無法說「不」的他，往往對異性的誘惑也難以拒絕，結果演變成無法收拾的嚴重狀態。責備他反而會帶來反效果。倒不如和他的朋友建立良好的關係吧！因為，朋友會替妳擔當監督之責。

不過，一旦孩子問世則一轉而成顧家的好爸爸。

D＝優柔寡斷型

你們二人是周遭人認可的最佳拍檔。妳心裡認為交往時間已應該到達結婚的時機，然而他卻沒有主動地提出要求。

這種類型的男性不僅在婚姻上，舉凡其他的事物也難以下決斷。點菜、決定約會時間

MAMA
我的兒子怎麼會像個媳婦!
氣死我了!
嘻、嘻、嘻
我家的三餐採輪流制

等場面都令他煩惱。面對他的這種態度也許會令妳感到有些焦躁吧！

事實上與其說是他欠缺決斷力，毋寧是過於深入地考慮對你們二人何者為最好的決定而變得過於慎重。

只要妳帶頭領先一步，他必會坦率地跟從。婚後如果妳能發揮內助之功，他應該可以成為一位好先生。

E＝自我中心型

他是令人感到充滿著活力、精力充沛的男人。他的男子氣概是其魅力所在，不過，對任何事都貫徹自己的主張見解，因此，妳往往會任由他的擺佈。不論是對妳或其他人都有這樣的傾向。

他是以自己的行動為優先考慮的自我心中型的男性。

雖然擅長工作也具有將來性，然而一旦做為婚姻對象卻令人感到有些不安。因為，他可能變成不顧家庭的丈夫。

Q7 禮物的反應？

你送禮物給對方時，對方的反應如何呢？
請回想贈送生日禮物或聖誕節、情人節時的情景。

A、有點腆靦地立即接受而想要隱藏。
B、不停地說：「謝謝、謝謝。」
C、對你的禮物表示要回贈，而思考下個行動。
D、無反應或艱澀地向你致謝。
E、在你的眼前打開禮物。
F、贈禮後二人獨處時會向你吐露真心話。
G、口頭上說：「何必客氣……」卻又收下來。

present for you!

A7 從接受禮物的方式瞭解對方的性格

〈解說〉

根據接受禮物時所表現的反應可以瞭解該人的本質。

〈診斷〉

A、有點腼靦地立即接受而想要隱藏的人

也許對於你的贈禮感到意外吧！

但是，並非疑惑而是帶著驚訝，對這份意外之禮感到喜悅。

並沒有誇張地表現喜悅的心情，而流露腼靦、含蓄的態度的人，碰到愉快的事情不會歡喜地雀躍，而能控制感情。

B、不停地說：「謝謝、謝謝」的人

高興則歡笑；悲傷則哭泣，像這般能坦率地表達內在感情的人。應該是屬於感情起伏較激烈的類型吧！多少也帶著幼兒性格。

C、對你的禮物表示要回贈而思考下個行動的人

這種人並不一定是想藉著禮物的贈予而有其他居心。因為，立即想到回贈的行為之中已透露了「禮尚往來」的精神。

表示這種反應的人，日常即具備未雨綢繆的計劃性。

D、無反應或艱澀地向你致謝的人

有些人對於他人精心設計的禮物無動於衷，或者表現出有點為難的反應，這種毫無感動的人似乎畏懼權威或地位、名譽。

個性頑固、堅持自己的主見，似乎很難瞭解其真心。

E、在你的眼前打開禮物的人

接到禮物立即問：「可以打開嗎？」而開禮物的人，是不會想太多的樂天派。也可能是對流行極為敏感的人。

在歐美接受禮物時立即在贈禮者的眼前開封乃是一種禮節，這種傾向在東方社會也有日漸普及的趨勢。

F、贈禮後二人獨處時會向你吐露真心話的人

有些人在接獲禮物時並沒有任何表示，但當二人獨處時卻會誠心地向對方致謝。這種人會重視周遭的氣氛，隨時顧慮他人的感受。

不過，有時可能會被認為是處心積慮的人。

G、口頭上說：「何必客氣……」卻又收下禮物的人

這是樸實的純情派。接受禮物後會先顧慮對方的好意，坦率地表達內心的感受則在其次。

這種人絕不會做出令人厭惡的事，重視義理人情。一切行動符合常識標準，很容易變成循規蹈矩的人，這一點也許令人不滿吧！

Q8　當時的情人是？

你儂我儂的美好時光總令戀愛中的男女感到時間不敷所用。不過，戀愛中的你，卻因難以掌握對方的真心而煩惱不已。本測驗就為您暗中地探討對方的真心吧！

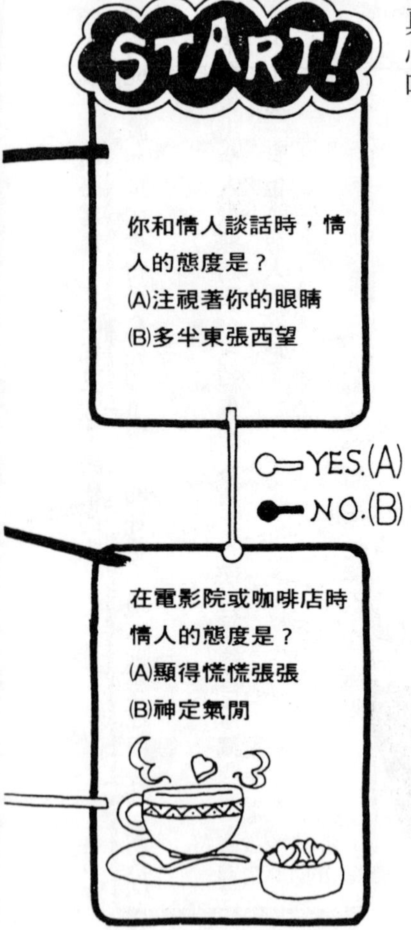
START!
你和情人談話時，情人的態度是？
(A)注視著你的眼睛
(B)多半東張西望
YES.(A)
NO.(B)
在電影院或咖啡店時情人的態度是？
(A)顯得慌慌張張
(B)神定氣閒

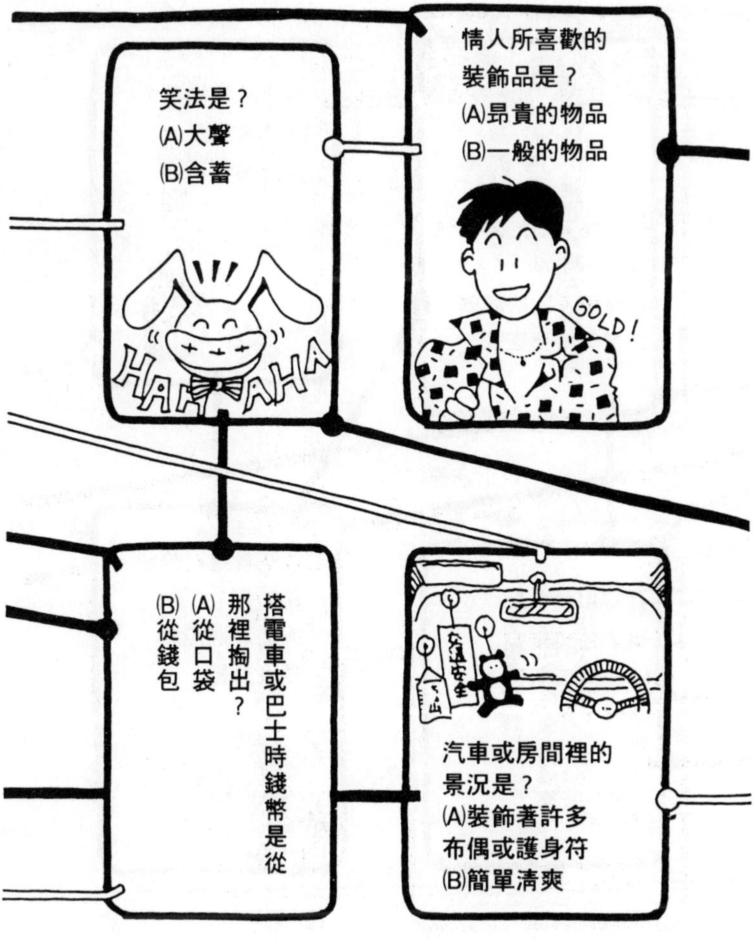
笑法是？
(A)大聲
(B)含蓄
HAHAHAHA
情人所喜歡的裝飾品是？
(A)昂貴的物品
(B)一般的物品
GOLD!
搭電車或巴士時錢幣是從那裡掏出？
(A)從口袋
(B)從錢包
交通安全
汽車或房間裡的景況是？
(A)裝飾著許多布偶或護身符
(B)簡單清爽

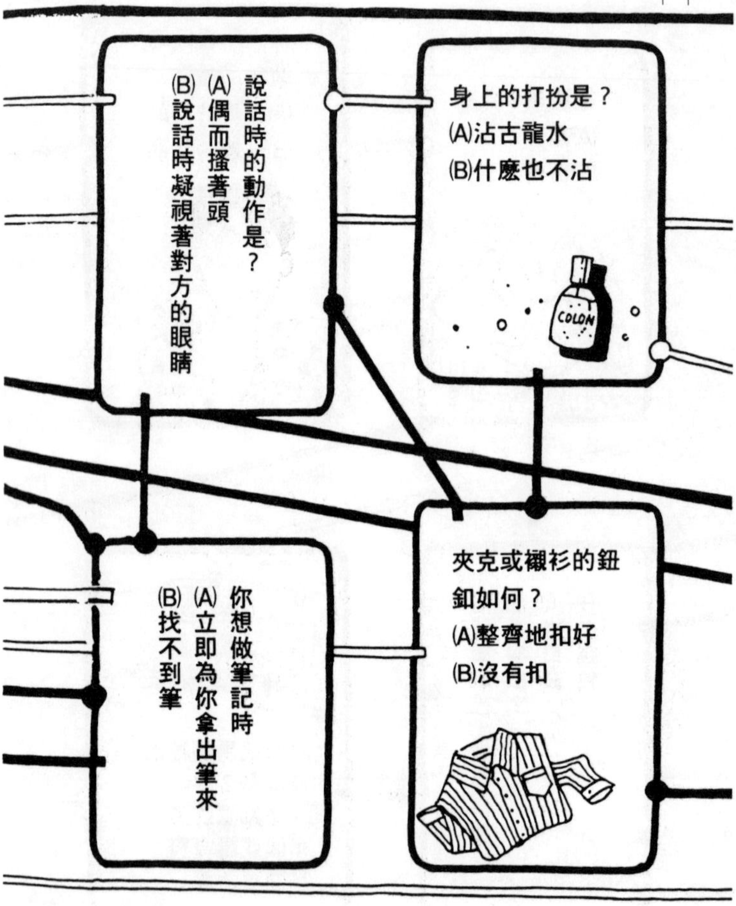
身上的打扮是？
(A)沾古龍水
(B)什麼也不沾
COLON
說話時的動作是？
(A)偶而搔著頭
(B)說話時凝視著對方的眼睛
夾克或襯衫的鈕釦如何？
(A)整齊地扣好
(B)沒有扣
你想做筆記時
(A)立即為你拿出筆來
(B)找不到筆

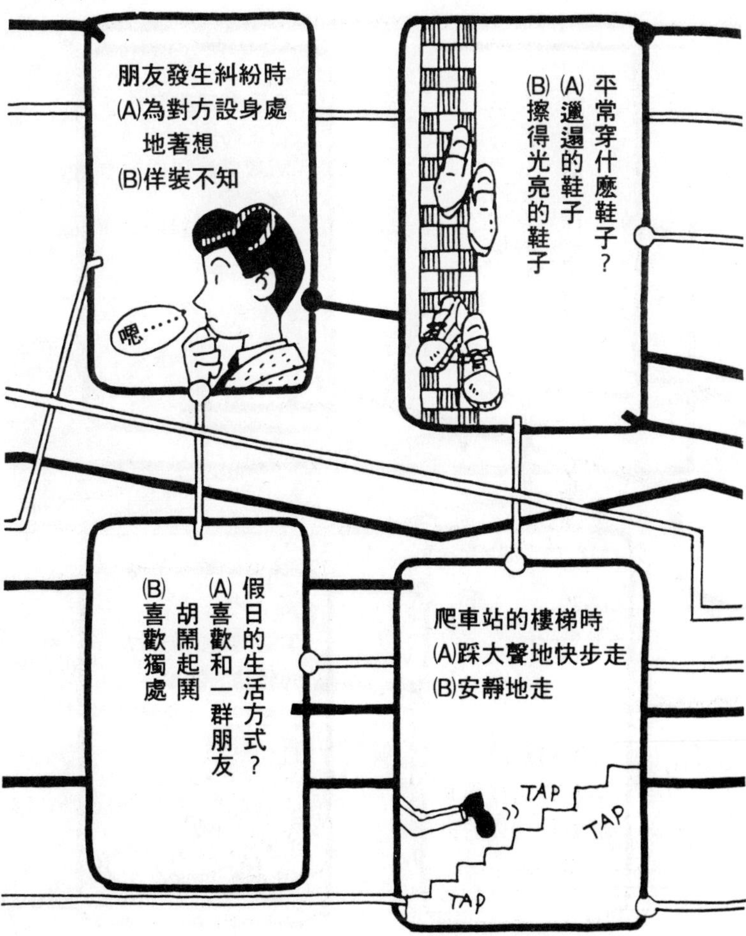
平常穿什麼鞋子？
(A)邋遢的鞋子
(B)擦得光亮的鞋子
朋友發生糾紛時
(A)為對方設身處地著想
(B)佯裝不知
嗯……
假日的生活方式？
(A)喜歡和一群朋友胡鬧起鬨
(B)喜歡獨處
爬車站的樓梯時
(A)踩大聲地快步走
(B)安靜地走
TAP
TAP
TAP

在展覽會的會場……
(A)專注的鑑賞參展的畫
(B)看著簡介而一邊鑑賞

拿著書類等文件行走時……
(A)放進皮包內再帶著走
(B)放進信封內帶著走

一起行走時
(A)稍微走在前面
(B)會配合你的步調

平常閱讀的是什麼？
(A)雜誌、漫畫
(B)單行本、文庫本

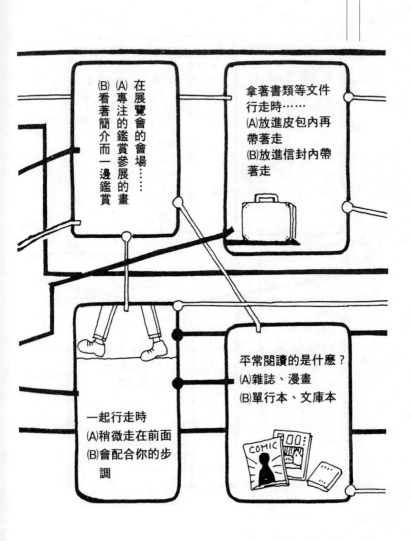

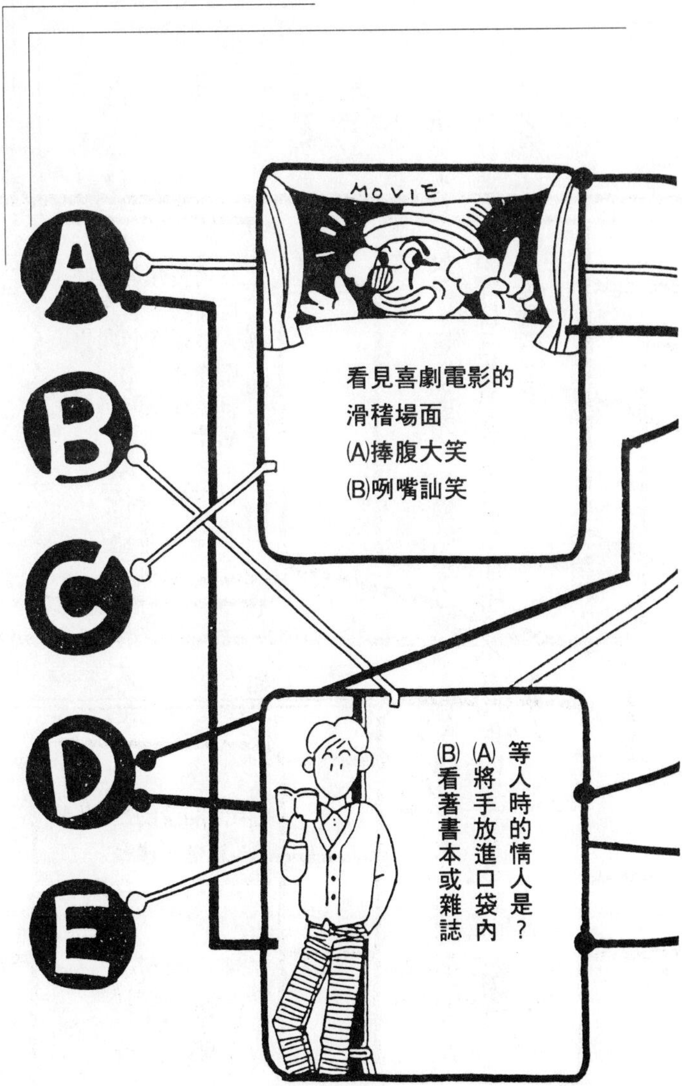
A
B
C
D
E
MOVIE
看見喜劇電影的滑稽場面
(A)捧腹大笑
(B)咧嘴訕笑
等人時的情人是？
(A)將手放進口袋內
(B)看著書本或雜誌

A 8 從攜帶品、動作瞭解情人的真心

〈解說〉

從平常的動作或攜帶品可以探討情人的真心。如果仔細地觀察情人的一舉一動，可能會有意外的發現。

〈診斷〉

A＝誠實類型

這種人具有良識，足以信賴。能體貼對方的心，有事商量時也能輕易地應允。

對任何人一視同仁，你也許會有點吃醋吧！不過，你的擔心是多餘的。因為，他是無法對受困待援的人坐視不管的類型。

不過，有時因為態度過度認真而令人稍嫌不足吧！

B＝優柔寡斷型

這種人是追求理想的浪漫主義者。

平常並不突出，卻在不顯眼的地方發揮其吸引人的魅力。

當熱衷於某事時，彷彿著魔般地一頭栽進，不過冷卻得也快。同樣地，在戀愛關係上也是屬於容易移情別戀的類型。而傷腦筋的是，當心意已冷卻無法說出分手的事，恐怕會造成三角關係糾紛。

C＝嫉妒心強的類型

這種類型的情人美中不足的是嫉妒心強。

有時只看見情人和自己以外的異性交談就坐立難安，甚至給予詰問其中的來龍去脈。從另一方面來看，這乃是愛情深厚、對任何事面面俱到的心態表示。

當男女兩人情投意合時其中所體會的幸福感無與倫比，不過，如果對方的思慕令人感到厭煩時，則是危險信號。

D＝八面玲瓏型

這種型者是態度親切、個性和善的情人。不過，問題乃在於對任何人都親切這一點，有時會置你於不顧而照顧其他的同事或後進，令你醋勁大發。這種人平常待人和善，因此，深得人緣，是受異性歡迎的類型。

如果不寬容具有博愛精神的情人，恐怕常有誤解。

E＝老大型

如果是男性，是屬於「乖乖地跟著我走！」的類型。若是女性，則是寬大地包容男性的大姊型。

在你覺得困擾或情緒消沈時，是值得倚賴的情人。如果對於他（她）的體貼不會感到負擔，倒是頗相配的兩人。富強烈的正義感。絕不允許錯誤的行為，兩人之間絕對不可存在著秘密。

第二章　推理與心理的奇怪關係

我們的日常生活中有許多必須應用推理能力的場面。

所謂推理乃是根據既有的材料去想像隱藏的部份或秘密，而藉由推理，我們的思考可以根據該人的過去經驗或記憶做理論性的探索。

從每個人的推理模式也可發現其性格的傾向。所以，推理小說才充滿著趣味而吸引人！

Q 9　「預約席」之謎

某天晚上，你和情人在一家時髦的義大利餐廳享受美食。隔壁的餐桌是「預約席」，桌上擺著三人份的餐具。

那麼，爾後出現的三位客人是什麼樣的人呢？

①首先閉上眼，列舉出浮現在你腦海中的三名客人。其中可以是你所認識的人或幻想的人物。

②其次，請將這三位的年齡（可做推理）筆記下來。

人物	年齡
	歲
	歲
	歲

A 9

瞭解你的社交性、順應力

〈解說〉

在日常生活中碰到令人心煩氣躁或慾求不滿的狀況時，你是否能巧妙地給予控制呢？而面對巨大的變化，你是否具備臨機應變的能力？

在這個測驗中，你所想像的人物乃是象徵你內心深處所注目的人或事項。

換言之，從中可以瞭解目前你所渴望或想要迴避的事物。

同時，也能探討你渴望與社會建立何種關係。

〈診斷〉

請根據你所想像的人物做以下的整理。

①三人的性別

A、三人都是男性。

B、兩名男性、一名女性。

C、三人都是女性。

D、一名男性、兩名女性。

②三人的年齡

請合計三人的年齡再除以三，來算平均年齡。

再將該年齡與自己目前的年齡做比較。

A、比自己的年齡大五歲以上。

B、和自己的年齡相差無幾（年齡差距不滿五歲）。

C、比自己的年齡小五歲以上。

①根據三人的性別所做的診斷

A、回答三人都是男性的人

似乎多半是過於意識特定的集團或工作，而顯得有點拘束的人。因畫地自限而縮窄行動範圍。

B、回答是兩名男性、一名女性的人

根據日常的習慣認為二比一較為安全，而想像這種組合的人似乎最多。能順應社會變化，可以讓自己迎合他人的類型。

C、回答三人都是女性的人

有時無法使自己適應工作或被賦予的職務。面對這樣的場合往往表現逃避的態度，不積極地尋找解決方法。

D、回答一名男性、兩名女性的人

對工作或學問的倦怠感較高的時候。目前的你，對性的關心極強，渴望追求甜美的浪漫史。

②根據三者的年齡所做的診斷

A、回答比自己的年齡大五歲以上的人

會顧慮上司或年長者而對自己的行動有所節制。思考的模式是「必須這麼做」或「應該這麼做」也許已經出現一點老化現象。

B、回答與自己的年齡相差無幾的人（年齡的差距不滿五歲）

目前的你，是屬於社會上的成人。在組織中可以控制自我並充分地完成職務。是可以發揮實力獲得認可的機會。

C、回答比自己的年齡小五歲以上的人

好奇心強的你，渴望與年幼者的交流，充滿著青春的氣息。同時也可能具有在人生遊戲中放手一搏或享受逍遙的念頭……。具有憧憬年輕人的傾向。

Q 10

聯想什麼樣的顏色？

請閱讀下面的故事再作答。

A小姐目前在英語補習班補英文。A小姐班上的老師似乎有點問題。經常遲到，有時又滿身酒臭……。上週教過的內容忘得一乾二淨，同樣的內容又反覆數次。如果有學生給予指責會勃然大怒。結果，那位老師因鬧事而決定辭職。原因似乎是喝醉與人打架。雖然學生們都認為辭職乃是理所當然，不過仍然決定送一份誠心的禮物給老師。

如果是你，會選擇那一種顏色的包裝紙來包禮物呢？

A　紅　　B　黑　　C　藍　　D　紫

A 10

顏色所表達的潛在意識

〈解說〉

我們平常漫不經心所挑選的顏色，事實上隱藏著各種涵意。無意識中對顏色的好惡，也能解釋為自己深層心理的表現。根據所選擇的顏色，可以探討你所不擅長相處的上司、前輩的類型。

〈診斷〉

A、選擇紅色的人＝難以和懶散的人相處

你是凡事都處理得有條不紊，否則無法安心的類型。辦公桌上或筆記的整理乃是你的專長。難以忍受他人懶散邋遢的樣子，因此，很難與生性懶散的上司或前輩相處。

即使對方個性多麼和善、予人的印象良好，卻無法原諒該人處事上的粗枝大葉。

然而世界上的形形色色，如果不把略帶懶散的行為當成是該人的個性，以避免因而所造成的心浮氣躁，恐怕你的日子很難熬喔！希望你能擁有寬容的心。

B、選擇黑色的人＝不擅長與矯柔做作的類型者相處

你是心胸坦然、大而化之的人。較重視人的實質而不在乎外表，因此，對於只注重外在的服飾或容貌的前輩或上司不表好感。

看見打扮得時髦的人，會覺得是「矯柔做作」而不認為「漂亮」。由於注重打扮的人很難窺視其內在，因此無法與其打成一片地交談。

但是，如果試著與這種人交談，有時也可能發現其意外的一面而感到驚訝。你所必要的並非一味地敬而遠之，而是試著信賴對方。

C、選擇藍色的人＝不擅長與感情起伏激烈的人相處

你的個性冷靜，鮮少感情用事。保持理性的態度，幾乎不會有突然勃然大怒或嚎啕大哭的舉動。

因此，不擅長與突然怒火沖天或刹那間變得活潑開朗的人相處。因為，對於喜怒哀樂表現過於激烈的人，無法判斷該如何與之對應。面對這些人，只要適度地與之相處即可避免被其玩弄於股掌間。如果刻意迎合對方的感情起伏，只會使自己疲憊不堪。

D、選擇紫色的人＝不擅長與具有包容力的人相處

你稍微帶有戀父情結或戀母情結。

面對對方寬容地體恤自己的失敗、溫暖的顧忌往往會動情。雖然非常喜歡親切的上司、前輩，卻無法壓抑自己的感情時，會有嚴重的後果，這一點可要注意。你必須把工作與私生活劃分清楚。

Q 11 渴望被讚美！

一對男女面對面地交談著。從這邊無法看見男性的臉孔，而女性則有點腼覥地將手搭在臉上，並發出微笑。

那麼，這位男性到底對女性說了什麼？

A、妳的品味真好。
B、妳真是溫柔。
C、面面俱到腦筋聰明。
D、開朗大方。
E、總是打扮得漂漂亮亮！

A 11 讚美辭所表現的深層心理

〈解說〉

一句讚美可以使人生大放異彩，相反地也能抹滅人生。根據渴望獲得什麼樣的讚美辭可以探討你的心理。

本題希望各位注意的是，人心的複雜。人有時會具實地把內心所想的事情表現出來，有時則以不同的形態做表現。

那麼，你是表裡一致或言不由衷呢？

〈診斷〉

A、回答被讚美「品味真好」的人

有許多應用個人品味的場合，諸如「服裝的品味」「顏色的品味」「談吐的品味」等等。一般人被讚賞品味好，都會感到高興。

選擇這個答案的人，似乎認為自己周遭人的品味不佳，感覺遲鈍。討厭平凡，比一般人對流行更為敏感並有迅速的反應。因此，看見對流行不如你敏感的周遭人，會令你有如搔不到癢處般地懊惱。

B、回答被讚賞「溫柔」的人

女性最大的魅力之一無非是「溫柔」。像母親、姊妹、老師一般溫柔而體恤的情感中會令人感受到人性的尊嚴。

選擇這個答案的人，自己平常也非常留意溫柔的表現。擁有寬容的人、討厭人際關係上的糾紛。而另一方面似乎對於只有溫柔的心稍感不足。

C、回答被讚美「面面俱到腦筋聰明」的人

你是能迅速地處理事務、靈敏地處理工作的人。討厭靜待守候，會追求個人的興趣，擅長書類整理，凡事都能發揮卓越的才幹。

若身為領導者，能確實地完成所被交待的任務。

D、回答被讚賞「開朗大方」的人

不論男女，任何人都喜歡這句讚美辭。

選擇這個答案的人，富社交性又極得人緣。而家庭生活似乎也非常圓滿。即使遭遇障礙也能把問題大而化之，並熬過難關。

E、回答被讚美「總是打扮得漂漂亮亮」的人

這雖然也是句讚美辭，然而似乎鮮少有人被如此讚美而感到高興。因為，只被讚美外觀並不值得喜悅。

即使打扮得漂漂亮亮是事實，任何人仍然渴望被讚賞與自我相關的內涵。如果瞭解人的這番心理卻又做這樣的讚美，應該是個居心不良的人吧！

憑直覺而選擇這個答案的人，是坦率地接納事物的純真者。因為純真之惠，即使被捲入糾紛中也能巧妙地對應！

Q 12 有關你的形象測驗

有人認為現代是壓力的時代。心理上沈重的負擔漸漸變成壓力，腐蝕著身體與精神，甚至可能因而喪失生命。

在此將要瞭解一下，你是以最佳狀態或焦躁不安的心態面對工作。

〈測驗1〉

請閉上眼睛，把時光倒退讓自己回到幼兒期。

如果有數個鐘頭可讓你回到幼兒時代，你會做下面那一件事呢？

①在河川游泳。

②和一群好友愉快地交談。

③玩盪鞦韆或爬鋼架。

Z

④躺在草原上曬太陽。

〈測驗2〉

你接到別人寄來的蛋糕。

那麼，你會怎麼打開包裝得漂亮的蛋糕盒呢？

①用剪刀或刀片小心地剪開包裝紙。

②用手拆掉膠帶，然後小心翼翼地打開。

③找出一處容易打開的地方，撕破包裝紙。

④小心翼翼，避免蛋糕盒翻倒地打開包裝紙。

〈測驗3〉

有一個人在單眼照相機上裝望遠鏡頭，而從中觀察著什麽？這個人到底想要拍攝什麽照片？

①浮在天空上的雲。
②對面大廈的房間。
③賽馬場的馬。
④濃煙密佈的火災現場。

〈測驗4〉

下邊有一個躺在搖籃上哭泣的嬰兒的插圖。
看見這個插圖，首先聯想到那一個語詞？

①愛情
②家庭
③人生
④未來

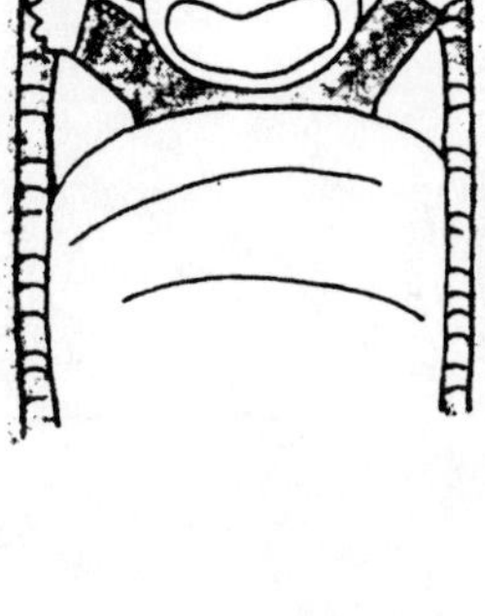

A 12 暴露對工作的不滿

〈解說〉

〈測驗1〉

這個測驗是顯示對目前工作的不滿或心理所渴望的事物。

①是表示對行動、冒險的嚮往。②是表示對異性的強烈關心。③是對興趣的關心。④是對休憩的關心。

①＝一分　②＝三分　③＝三分　④＝五分

〈測驗2〉

打開包裝紙的方法會暴露處事的嚴謹度。

使用剪刀之類的人，具有完美主義的傾向；注意避免讓蛋糕盒顛倒的人，相當潔癖。

①＝三分　②＝三分　③＝一分　④＝五分

〈測驗3〉

這個測驗是探討目前你的真正慾求。

①浮在空中的雲，是暗示腳不著地的不安定狀態。雖然有所慾求卻不明白表示，是處於慎重的狀態。

②是表示對性的興趣。③是賭博慾。④是表示朝三暮四的狀態。

①＝五分　②＝三分　③＝一分　④＝一分

〈測驗4〉

這是探討你追求浪漫程度的測驗。生性浪漫的人構想較為圓滑。

①＝三分　②＝三分　③＝五分　④＝一分

〈診斷〉

請合計各測驗的得分。所得到的總分是表示你的狀況的分數。

〈四～八分〉

雖然具有企圖心，卻常有揮棒落空或半途而廢的情況。你是否過於焦急、無理強求？你是具有卓越能力的人，應該留意不慌不忙、沈著穩健地處理事物。否則恐怕因心浮氣躁而使事情無法圓滿進行。

〈九～十四分〉

這是身心極為平衡的狀態。處於這樣的狀態應可以順利地處理工作。若能善加運用良好的狀況，必可得協助者之惠。

〈十五～二十分〉

你似乎有點疲憊。以往是否衝刺得太快了？不停地努力前進總會有疲憊的時候。一旦感到疲憊，會漸漸變得消極，結果錯失難得的機會。連決斷力也會變得遲鈍，可要注意喔！

Q 13 要塗什麼顏色……

你決定在兒童會館表演一齣由紙木偶表演的戲劇。故事的梗概與草圖已經完成，接下來只剩塗色的作業。若是你，會塗什麼樣的顏色？

請根據故事的內容做挑選。

①一個女孩圍著一條水點的圍巾，騎在馬上往森林的小道前進。

②在茂密的森林內看見一棟小屋。

Q①水點圍巾是什麼顏色？

A　藍色

B　粉紅色

Q②小屋的屋頂是什麼顏色？

A　綠色

B　紅色

③有一輛車子停在小屋之前。

④車內走出一名青年向少女打招呼。

⑤青年問女孩說：「要不要看看我的小鳥？」

女孩跟在青年的後面走進小屋內，發現裡頭有一隻小鳥。

Q③什麼樣的車子？

A　白色的跑車

B　紅色的外國車

Q④青年穿著的夾克是什麼顏色？

A　藍色

B　紅色

Q⑤那是什麼小鳥？

A　黃色的金絲雀

B　藍色的鸚鵡

⑥那位青年似乎要帶女孩去看捕獲這隻小鳥的地方。青年和少女一起騎在馬上決定外出。

⑦他們走進森林內。森林內顯得陰暗，少女感到恐懼，青年對她說：「拿著這個寶石的護身符就不怕了喔！」說著把寶石交給女孩。

⑧往森林內前進，看見一座城堡。從城堡傳來鋼琴的聲音。

Q⑥青年所騎的馬是什麼馬？

A　純白的白馬

B　鬃色的馬

Q⑦護身符是何種寶石？

A　紅寶石

B　藍寶石

Q⑧那是什麼樣的城堡？

A　白色的城堡

B　粉紅的城堡

⑨原來這位青年是那位城堡的王子。
王子是要尋找王妃而出外旅遊。
結果，少女被挑選為王妃。
轉瞬間少女身穿豪華的禮服，受到群衆熱烈的歡迎。

Q⑨被選拔為王妃的少女所穿著的禮服是？
A　綠色
B　白色

A 13

瞭解目前所渴望的事物

人對顏色的喜好並沒有固定。有時喜歡紅色而經常穿著紅衣服，不過，從某個時期開始，卻又突然想穿藍色的衣服。

本測驗根據你的狀況也會出現不同的答案。這個測驗的目的就是要探討你目前所渴望的事物。

〈診斷〉

解答完①到⑨的問題後，請根據次表算出你的得分。

	A	B
①	0	1
②	0	1
③	0	1
④	0	1
⑤	1	0
⑥	1	0
⑦	1	0
⑧	0	1
⑨	0	1

總分

9～8分＝A類型

7～5分＝B類型

4～2分＝C類型

1～0分＝D類型

A類型＝燃燒的戀情

妳目前最渴望的無非是談戀愛。

目前正處於對異性極為關心，對戀愛相當憧憬的狀態吧。

妳似乎憧憬一段不平凡的戀愛經驗，最好能有一位白馬王子為妳傾心，並與他人為妳爭奪。

平凡無奇、不夠刺激的戀愛並無法使妳感到滿足。

B類型＝足以信賴的人

妳目前所最渴望的是同伴。

換言之，妳希望擁有能推心置腹地吐露心聲，對自己的煩惱有所助言的信賴伙伴。妳強烈地渴望志同道合的同伴，愉悅地交談、飲酒作樂、旅遊等。這乃是渴望擴大人際關係的範圍，朝嶄新的世界邁進的時候。

C類型＝自我的成長

妳最渴望的並非情人或朋友，而是自我本身的提昇。妳內心充滿著能不停地用功、練習，而朝自我的目標前進的願望。

這乃是想擁有某種資格或抱持某種目標、夢想時，對自己的遠景寄予強烈的企圖心的時候。

D類型＝金錢

妳目前汲汲營營所從事的乃是儲蓄。這乃是不寄望捉摸不定的抽象理念，而追求物質的慾望極為迫切的時候。

錢雖非萬能，卻能獲得想要的物質。妳內心似乎充滿著金錢慾望。

Q 14 粉紅是什麼顏色？

粉紅色是代表女性的顏色之一。

那麼，當妳聽到粉紅色時，腦中立即浮現的是下面那一種情景？

請挑選和自己的想像最接近的答案。

①南方海島的海邊夕陽，正沈靜地慢慢西垂。

一對情侶併肩依偎在樹蔭下的情景……。

②身著最新流行的服飾，在新裝發表會舞台上趾高氣揚地展示的模特兒。擁擠在會場裡

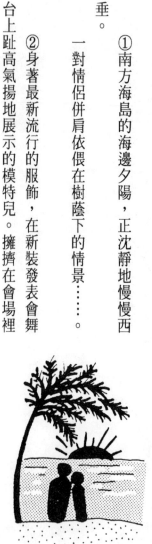

的所有女性全部把視線集中在聚光燈籠下的模特兒身上。

③英國王室的皇太子和皇太子妃。坐在敞蓬禮車上凱旋遊行。他們向群衆揮著手，臉上帶著微笑。

④在飛機場一名女性目送著飛機啟航。她是為搭機遠行的男性送行，而獨自留在機場的女性。

A 14

探討妳的英雄願望

〈解說〉

根據顏色的聯想，可以探討深藏在女性內心深處的英雄願望。

〈診斷〉

①聯想海邊情侶的女性

妳似乎渴望成為受男性喜愛的女性。

被多數男性傾慕、呵護的女性，或在工作上令男性刮目相看的女性，乃是妳的理想。

妳渴望是萬綠叢中的那一點紅。

②聯想時裝模特兒的女性

聯想受衆多女性矚目的時裝模特兒的妳，毫無疑問地，在模特兒身上表露了妳的願望。

換言之，妳渴望成為能受其他女性支持的女性。

女性對待同性的眼光尤其嚴苛，常會暗自較量並給予批評。

而妳渴望成為了不起的女性，能通過其他女性嚴格的評斷。

③聯想回應群衆歡呼的皇太子夫婦的女性

妳似乎渴望獲得衆人的矚目而無同、異性之分。

換言之，你具有被任何人傾慕、注目的引人注意的一面。同時也具有渴望成為能領導衆人的優秀人才。

④聯想獨自為男性送行的女性

妳渴望成為悲劇性的英雄。

對任何事物不會積極地往前設想，而往往只想到不好的結果。

總會聯想不好場面的妳，在內心深處似乎憧憬著在困境、悲傷的場合綻放光芒的女性。

Look at me

Q15 有福同享

據說獨自出外生活的人，最高興接獲家鄉寄來的禮物。

請看左頁的插圖。

一名男性到朋友的公寓拜訪。他依約帶來家鄉寄來的水果，打算與朋友分享。

朋友從三樓的窗口探出頭來。請想像接下來是什麼樣的情景。

A、這位男性拿不動水果箱，忍不住坐在箱子上。

B、朋友看到他而下樓幫忙搬運水果箱。

C、男性自己搬著水果箱上樓。

D、男子把水果箱放在旁邊，逕自到朋友的公寓。

A 15 測試你的狀況

〈解說〉

這是德國的心理學家所考察出來的測驗，目的是調查日常人際關係中所採取的行動。從中可以診斷出責任感或義務感。

同時，也是認識你目前狀況的線索。

〈診斷〉

A、回答拿不動而坐在箱子上的人

你的感情起伏非常激烈。面對客人時也難以壓抑這種傾向，而會發生齟齬。也許你目前因為某種問題而變得神經質吧！

總之，目前的狀態並不太好。

B、回答朋友看到他而搬運箱子的人

非常安定而良好的狀況。能善待客人而使對方覺得愉快。充分地完成自己的責任，並也如此要求他人。是具備領導者素質的人。

C、回答男性自己搬箱子上樓的人

你目前似乎得不到周遭者的協助。請您回想看看是否有太多以自己為主的行動？如果凡事以自我為中心而採取行動，很容易造成他人的反感，這一點應特別留意。

D、回答放下箱子而逕自上樓的人

選擇這個答案的你具有獨特的構想力。是擅長嶄新的構想或利用靈機一轉而使計劃成功的人。

雖然具有能力卻不懂待客之道。

對人的好惡會具實地表現在臉上或無視對方的反應。因此，恐怕會和周遭者在協調上產生糾紛。

第三章　嗜好與心理的愉快關係

人在日常生活中不論大小事項都必須有各種的選擇。而潛在性地對選擇造成重大影響的，就是「個人的嗜好」。

舉凡服裝的嗜好、顏色的嗜好乃至興趣，或個人獨處時的排遣法等，可謂十人十樣。

正因為如此，在心理學上常以這類「嗜好」做為判斷人品或性格的重大題材。

Q 16 喜歡的場所、討厭的場所？

你起用一名偶像明星決定為其製作海報。下面六個場所是海報拍攝預定地。若是你，會選擇那一個地方？請從中挑選一個自認為最佳的場所。

同時也請挑選認為最差的場所。

當各自選出最佳與最差場所之後，請從表中找出最喜歡的場所與最討厭的場所所符合的類型。

①加拿大冬天的森林。
②一望無際沙漠上的風紋。
③隱約冒出白煙的火山。
④紐約的摩天大樓。
⑤寂寥的海岸。
⑥幽靜的古寺。

討厭 / 喜歡	①	②	③	④	⑤	⑥
①		F	C	D	F	C
②	B		D	D	B	C
③	C	B		A	B	A
④	D	E	A		E	A
⑤	F	F	E	D		E
⑥	D	C	A	A	C	

A 16 瞭解你的潛能

〈解說〉

這是依據你所挑選最喜歡與最討厭的項目之組合，從而探討你的潛能之測驗。

您也許會發現自己未曾發覺的才能，或者探討你是否適合目前的職業。

〈診斷〉

A＝社交派

你喜歡與人接觸。

喜歡出外積極地與人接觸，而不願獨自埋頭苦幹地處理事務上的工作，是能夠靈活運用自己才能的人。

話題豐富，絕不令談話的對方感到厭倦。

因此，較適合服務業或在營業部門工作。
如果是必須特殊技術的專業工作，恐怕難以持續。

B＝美的感覺派

你可以從一般人輕易疏忽掉的地方發覺美感，具備卓越的藝術品味。擁有靈活的構想力，常見創意的功夫，凡事都會發揮嶄新感與個性感。如果從事流行服飾或美容業、傳播業或音樂等，必須具備藝術資質的職業，必會嶄露頭角、大放異彩。

C＝知性派

這種類型者重視權威、常識，鮮少有離經叛道的行止。熱衷於專門的研究而罕與人接觸。

知識慾極為旺盛，若選擇研究員、調查員、學者等職業必會成功。同時，電腦方面的工作也能滿足你的知識慾吧！

D＝事務派

發票整理、圖表製作等事務性的工作有其專長，處理得井然有序。

即使從事簡單的事務職也應抱著自信來完成。不論任何職種都需要可以妥善處理事務的你的能力。從處理工作鉅細靡遺的態度看來，若從事秘書或輔佐的工作必能發揮才幹。

E＝藝術、技術派

具備才藝或藝術而能砌磋琢磨的人。

在能自由地發揮自我能力的職場，比從事處理事務等形式化的工作更顯得神采奕奕。

適合從事畫家或音樂家、茶道、插花老師等職業。這種職業的特色是不必退休。人的一生乃是努力的累積、活用才能的舞台。

FILE
SEACLET

F＝家庭派

不擅長與他人爭奪較勁或肩負重責。然而卻非欠缺工作能力，而是較擅長處理所被交待的工作。

生性淡泊、沒有野心，也許難以在社會上獲致成功，不過，婚後應該是個能肩負起責任保護家人的好父母、好伴侶。

也擅長處理家事，是可以享受家庭生活的人。

Q 17 喜歡那一種搭配？

請回想男友平常的服裝打扮。想不出來時不妨在約會的時候偷偷的審視他的服裝。

當他穿著茶色系的西裝外套時，妳認為他絕對不會配戴下面那個顏色的領帶？

①綠色
②黑色
③灰色

A 17 表現男友的自信度

〈解說〉

平常服飾會暴露各種內在的層面。而最常表現的是顏色的嗜好。根據喜歡或討厭的顏色可以瞭解該人的性格。而這裡則是調查所討厭的顏色搭配，從而探討男友是否是個自信家。

〈診斷〉

①討厭茶色和綠色組合的男友

他是個自信滿滿的人。極渴望受周遭人認同自己的實力，略帶有牽強的一面。因此，如果表現出尊敬的態度與其接觸，必會使其心情愉悅。

②討厭茶色和黑色組合的男友

他不太倚賴他人，凡事都自己解決。

也許不找妳商量而擅自作主的行為令妳有些不快吧！

但是，他對任何人都是這樣的態度。因為，他對自己的決斷極具信心。因此，非常討厭聽人擺佈。

③討厭茶色和灰色組合的男友

他的自信度相當高。

但是，這與其說是對自己的才能具有自信，毋寧是渴望向周遭人表現自己的權威。

因此，如果沒有得到旁人的讚美或推崇，有時心情會不好。

Q 18 按快門的時機？

你利用假期到海邊遊玩。這裡彎延曲折的海岸線非常美麗，是風景名勝之一。

你決定搭船到岸邊觀賞海景。

前方看見一個凸出海面上的岩山。雖是個岩山卻有輕柔的曲線，彷彿是飄浮在海上的孤山。當時的光線良好，似乎可以拍出一張好照片。

就在這個時候，不經意地發現一隻海鷗在岩山的周圍飛翔。

你想把這隻海鷗也拍進照片裡。

那麼，如果是你，會在海鷗飛向那個位置時按下快門呢？

請從A到F中挑選一個答案。

E
D
F
C
B
A

A 18

浮雕出戀愛景況

＜解說＞

這是測驗將海鷗配置在岩山上空的那個位置的問題。在這個測驗中，可以探討你目前的戀愛狀況。

戀愛中常有許多煩惱，有的人不知是否該坦率地向對方表白愛意，而有人則難找到意中人。

請掌握你的戀愛景況，並將本測驗的結果做為判斷今後將如何發展的參考。

＜診斷＞

選擇A的人

你應該將熱烈地迷戀對方的高昂情緒，多少隱藏在心中吧！

即使不必焦急地立即表達心意，對方終有一天也會主動與你接近。所以，活用良機到來才是上策。

選擇B的人

新的際遇似乎在眼前。最近也許有意外的戀情展開。

如果目前的戀情沒有結果也不要氣餒。這乃是另一個戀情的暗示。也許令你意想不到的人會向你發出愛的訊息。

選擇C的人

不要徒嘆難以找到意中人，請仔細地注意自己的周遭環境。在你的身邊一定有和你極為搭配的人。

不要只挑遠處的艷麗，請重視身邊的佳人吧！

選擇D的人

不要光是靜候等待，有時不妨採積極的進擊。也許放下身段用電話邀約對方，會意外地發現對方正和自己有同樣的感覺呢。

也有可能在團體交往中產生戀情。請盡量參加宴會等活動吧！

選擇E的人

在有志一同的集會或義工活動等生活模式類似的團體中，可以結交意氣相投的男友、女友。

也許會發展成一段愉快的戀情。別忘了隨時保持笑容。

選擇F的人

目前的你，對戀愛似乎有點遲鈍。

難得有人對你表示好感並主動親近，而你似乎毫無所覺。

請重視與周遭人之間的交際往來。否則將會錯失難得的機會。

Q 19

若要拍攝裸體照

最近影視明星的裸體照陸續問世，而成為大眾的話題。某著名攝影師以「花與女性」為標題，將為妳拍攝裸體照，而使你的青春不留白。

拍攝時可以用一束花遮掩身體。

如果是妳，覺得下面那一個姿勢最好？

A 拿著可以掩飾下腹部的一束花。

B 把一束花抱在胸前以掩飾胸部。

C 拿著可以掩飾下腹部與胸部的一束花。

D 不做任何掩飾。

A 19 瞭解女性的潛在意識

〈解說〉

泡溫泉時，從前的女性會用浴巾掩蓋身體而入浴，據說最近的日本女性有越來越多的女性入浴時，並不做任何掩飾。

這並非寡廉鮮恥，乃是自認「裸體唯美」的意識增強的緣故吧！

從女性赤身露體時想要遮掩那個部位，可以瞭解其生活環境或本來的性格。

〈診斷〉

A、掩飾下腹部的女性

這個女性非常重視道德。是具有女人味與溫柔魅力的人，不過，也許觀念較為老舊。對心愛的男性這種傾向尤為強烈，在婚前堅守最後一道防線絕不應允對方的誘惑。

B、掩飾胸部的女性

這是現代女郎的類型。行動充滿著年輕的氣息。

對自己的魅力具有自信，個性開朗深獲好評。也是極受異性喜愛的類型。

與異性交往並不拘泥是否論及婚嫁。

因此，對男性產生肉體關係抱著積極的態度。

C、掩飾胸部與下腹部的女性

這種女性似乎對自己的體態具有強烈的自卑感。

或者平常過於在意異性的耳目而產生強烈的警戒心，在男性眼中似乎是難以接近的女性。

D、不做任何掩飾的女性

據說女性的年齡越大越不懂得羞恥心。如果年輕女子選擇這個答案，應該是男性經驗豐富或個性男性化的人吧！

個性坦率開朗，受同伴們的喜愛，不過，稍欠女性的魅力。

Q 20

愉快的家庭宴會

受邀前往參加一對美籍夫婦所主辦的家庭宴會。那彷彿是在家庭電影裡所看到的宴會。

這對夫婦也許是為了誇耀其交友的廣闊，大約聚集三十餘名富有國際色彩的賓客。

而這個宴會的主要節目是禮物的交換。各個來賓拿自己所帶來的禮物與其他賓客交換，而享受獲禮的喜悅？

若是你，會選擇什麼樣的禮物。

A 20 瞭解你的構想品味

〈解說〉

在這樣的宴會你所攜帶的禮物要交給某位賓客，必須身歷其境才曉得。當然，你不知道對方是男性或女性。而接受贈禮者也不知道贈者是誰。

要送什麽禮物全憑個人的構想。

事實上，這個測驗並非探討所贈的禮物內容，而是以在決定何種禮物所耗費的時間做判斷。

那麽，你在挑選禮物時經過了多久的思考？您是否立即決定以首先浮現腦際的物品為贈禮呢？或者列舉數種禮物而做比較挑選？

〈診斷〉

①立即決定的人

把首先想到的物品當做贈禮的人，雖然具有卓越的判斷力，在構想方面卻略遜一籌。即使是個好構想也應冷靜地從各個角度來檢討分析，這一點在商場界是非常重要的。

②稍做猶豫的人

這種人能夠比較、檢討自己的構想而迅速地給予下判斷。對自己的品味或能力具有自信吧！

③相當困惑的人

很難抉擇贈禮的人，是屬於憂柔寡斷型。由於對自己的判斷欠缺自信，而在抉擇上常有煩惱。

Q 21 選擇那隻手？

在宴會席上大家玩一個遊戲。從窗簾的對面伸出五名男性的手。從這裡看不見他們的臉孔，聽說手的長度雖然高低不齊，身高卻一樣。

如果是你，會選擇那隻手而與該人做搭檔呢？

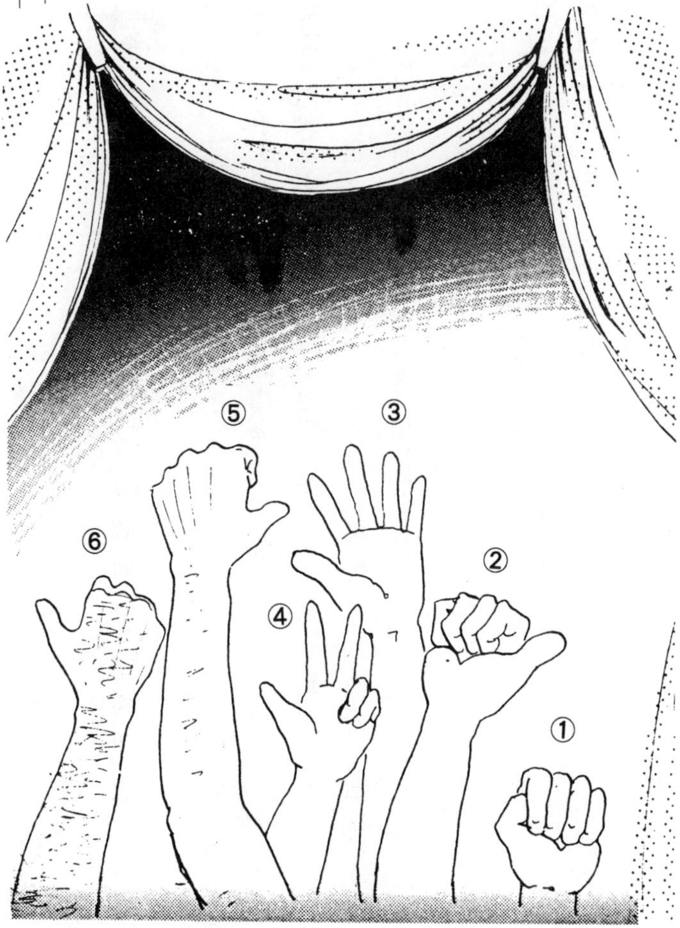
⑤
③
⑥
②
④
①

A 21

從對手型的嗜好可以瞭解對異性的關心

〈解說〉

一般而言，手型和男性度有極大的關係。

而女性與初次見面的男性碰面時，似乎在無意識中會注意對方的手。

對手的嗜好有個人品味的差別，有人喜歡較大型的手，而有人則愛纖細的小手。

除此之外，也有人在意手指的長度或拇指的形狀。

〈診斷〉

選擇①的人

對性有強烈的不滿或常心浮氣躁。

選擇②的人
對同性有強烈的崇拜。

選擇③的人
對複數的異性具有興趣。同時也是嫉妒心非常強的人。

選擇④的人
討厭性愛或容易疲倦的時候。

選擇⑤的人
容易對變態的性產生興趣的人。

選擇⑥的人
喜好平凡的性愛。

Q 22 您要大碗的嗎？

參加公司旅行來到一處溫泉遊覽勝地。S先生不知不覺的地打起瞌睡，當他來到晚上的宴會場時，已經遲到了一些。

S先生走進會場時正好宴會開始。

今天晚上的主菜什錦火鍋已經咕嚕咕嚕地煮得沸騰，並散發出誘人的香味。

除了S先生之外，似乎還有其他的遲到者。宴會席上還有數個空位。仔細一看空位有四個。桌上的小碗盛有什錦火鍋的料，飢腸轆轆的S先生，以裝盛什錦火鍋料的小碗來決定座席。

如果是你，會選擇那個小碗呢？

①裝一半什錦火鍋料左右的小碗。
②裝得滿滿的什錦火鍋料的小碗。
③空無一物的小碗。
④裝到七分滿的小碗。

A 22 探討金錢觀

〈解說〉

裝在小碗內的食物的份量，表示該人的金錢觀。

據說借錢給他人時，會在暗中利用這種測驗。因為，一旦借錢給他人，如果對方揮霍無度則難以追討借款了。

〈診斷〉

選擇①裝一半什錦火鍋料小碗的人

這種人對金錢似乎是屬於處心積慮的類型。

絕對不會利用賽馬或打麻將、購買獎券等圖謀一獲千金的機會。對金錢的處理極為慎重。

同時，也絕不會接觸股票等聚財術。

選擇②裝滿滿的什錦火鍋料小碗的人

選擇小碗裡裝滿著什錦火鍋料的人，對金錢具有強烈的執著。也許可以說是所謂的守財奴吧！

金錢慾非常強，連細小的費用也錙銖必較。

選擇③空無一物小碗的人

對金錢極關心，卻缺乏徹底的行動。

有時想要積蓄有時又渴望利用賭博大賺一筆，金錢觀會隨當時的心情而浮游不定。

選擇④裝盛七分滿小碗的人

屬於有強烈金錢慾的人。不過，卻也不是不分輕重的小器鬼。

自制心強，絕不做危險的賭博遊戲。不浪費只對確實有利的投資有興趣，對金錢屬於堅實派。

Q 23

喜歡那一個顏色？

和一群親密的朋友們前去兜風。當然，情人也在身邊。你決定和情人穿一套新的運動衣。你們二人所前往採購的百貨公司有各種款式與顏色的運動衣。

那麼，妳和他選擇以何為底色的運動衣呢？

請妳和男友各挑一個最喜歡的顏色。

A 紅　B 藍　C 黃

A 23 從顏色的喜好可以瞭解男女雙方的匹配性

〈解說〉

根據男女情人各自喜好的顏色可以瞭解雙方的匹配性。

如果妳還沒有情人，則請試想希望你的意中人或理想的情人，穿著什麼顏色。

藉此可以猜測妳所渴望的戀情。

〈診斷〉

①男性＝紅＋女性＝紅

男女雙方都是易熱、易冷的類型。雙方都具有行動力，想到什麼立即付諸行動。

情投意合時是人人羨慕的佳偶，然而一旦發生齟齬，雙方因無法讓步，將會發生激烈的爭吵。

迅速燃燒的愛情一旦冷卻後，分手也出人意外地快。

②男性＝紅＋女性＝藍

雙方雖然是情投意合的情侶，卻鮮少有勾肩搭背的舉動，走路時也是我行我素。因此，在旁人眼中往往以為兩者的感情並不太好。

不過，不論他人有何批評雙方的戀情，仍堅定不移。尤其是男女雙方的年齡差距越少時，彼此的理解度越大。

③男性＝紅＋女性＝黃

平常相處的氣氛非常融洽的兩人。

不過，可能因為細微的摩擦而常有輕微的爭執。

有時你認為無所謂的事情，在對方的眼中卻難以忍受，或者在興趣方面南轅北轍。

兩人對相處的氣氛或流行的品味極為敏感，如果話題繞在商店或電影的比較，你們的約會將非常愉快。

但是，隨著交往時日的增長，這類約會令你們感到厭煩。從這個時候開始，雙方的感情往往難以獲得交集。你應該留意不要只拘泥於外觀，而以真心和對方相處。

④男性＝藍＋女性＝紅

雖然鮮少獲得周遭人評價是「匹配的情侶」，但是，雙方卻是能互相理解對方的理想拍檔。

即使產生一點糾紛，也不會改變彼此的關係。非但如此，反而會加深彼此的交情。

⑤男性＝藍＋女性＝藍

彷彿是兄妹般的情侶。

相處時絕不會有拘束感，愉快的談話會令兩人忘了時間的流逝。

雖然並沒有令人產生激情的感情表達，在一起卻沒有負擔感的佳偶。

⑥男性＝藍＋女性＝黃

彼此敬重的情侶。只專注於發現對方的優點，並給予尊重而不在意其缺點。對於對方的缺點毫不在意。非但如此，會互補彼此的缺點，而在必要的時候給予輔助。極有可能變成值得倚賴的伙伴。

不會隱藏內在的煩惱或心事，推心置腹地與對方商量吧！

⑦男性＝黃＋女性＝紅

在興趣方面想法非常類似的兩人。不論是約會的時間或場所、用餐飲食等幾乎都能一拍即合。是相處極為融洽的情侶。

若要使這種關係持久，最好的辦法是擁有共通的目標。兩人同心協力必可更上層樓。

⑧男性＝黃＋女性＝藍

這是男性帶頭領先而女性跟隨在後的拍檔。

這種情侶男性多半是年長者或前輩、上司的關係。因此，交往越久越能產生同志之愛。

雖然不是驚心動魄的熱戀，卻能夠培育沈靜的愛情。

⑨男性＝黃＋女性＝黃

約會時話題不斷？氣氛愉快的情侶。尤其是雙方對將來的夢想或理想的意見一致時，更為親密。

但是，回到現實的話題上則又另當別論。在經濟觀或生活模式上略呈差距，有時可能令雙方感到困惑。

如果不為細小的事情煩躁而努力於瞭解對方，應可持續雙方的關係。

第四章　直覺和心理的微妙關係

直覺非常重要。不論古今中外舉凡偉大的發明、發現似乎都是直覺的閃現而來。

有些學者認為蓄積在腦中的各種情報，在某個時候集約而閃現的就是直覺，而據說人可分為「直覺型」和「思考型」的兩種類型。

憑直覺所感應的事情，也許能正確地傳達事物的本質。

Q 24 深夜的地震，怎麽辦？

突然天旋地轉，地震來了！地震的來襲幾乎無法準確地預測。
沈睡中的深夜突然來了地震！
那麽，如果是你，會拿著什麽而逃呢？

A、西裝
B、日記
C、時鐘
D、金錢
E、麵包

A24　浮現潛在的願望

〈解說〉

據說在緊要關頭根據首先所拿的東西，可以瞭解該人潛在的願望或隱藏的性格。平常不明白表示卻隱藏在心中的願望，會在突發事件中顯現出來。

根據美國的心理學家所言，在緊急的狀況有人會拿出實用的物品，而有人則一把抓起具有紀念意義的物品。

當然，緊急情況所採取的動作男女各有不同，而一般可歸納為以下的物品。

〈診斷〉

A、西裝——小心謹慎的性格，絕不會有莽撞的行止。具強烈的責任感，可確實地達成任務，也因為如此常積蓄壓力，恐怕會有身體不適的擔憂，請特別注意。

情。

B、**日記**——感受性豐富，品味超群。異性運勢強，會有羅曼蒂克的際遇或激烈的戀

C、**時鐘**——工作能力卓越的專職型。態度積極、頭腦靈敏，缺點是有點自信過盛。

D、**金錢**——具有大膽與冷靜的兩面。不會受誘於眼前的小利，而能以整體的利害關係做思考、判斷的人。

E、**麵包**——個性開朗、屬樂天派。喜歡幫助別人，因此，一旦他人有所求，即使超乎自己的能力之外也難以拒絕。

Q 25　啊！這時候該怎麼辦

人生舞台上有各種的分歧點。在各個分歧點上做何判斷會改變整個人生的模樣。判斷力是否準確，乃是左右成功的重要關鍵。

若是妳碰到下面的狀況會做何決斷呢？

①色狼！

某個遲歸的夜晚，當妳匆忙地趕路回家時，發覺後面有一個意圖不明的男子緊追在後！妳拼命地奔跑卻在途中走錯路，而在巷弄裡迷失方向。眼前是一道高牆，似乎是個死巷。

那麼，若是妳該怎麼辦？

A、使用樓梯爬越高牆。

B、穿過牆上的洞穴。
C、大聲呼叫。

②汽車大拍賣

你中了愛國獎券！碰巧汽車廉售大拍賣。如果你要買車會買下面那一種車？

A、4WD車　B、敞蓬車　C、新型汽車

③啊，危險！

當你顯得何等逍遙自在地在滑雪場上滑雪時，突然發現眼前有人跌倒……。若是你該怎麽辦？

A、往右邊改變行程。
B、往左邊改變行程。

C、跳躍穿過跌倒的人。

④忘了貼郵票！

你寫了一封寄給對你照顧得無微不至的恩師的一封謝函，再三檢查文面上是否有失禮之處後投進郵筒。但是，投函後你擔心是否忘了貼郵票。那麼，該怎麼辦？

A、再一封致歉的信。

B、調查收件郵差的時間後再來。

C、用手或木棒想辦法掏出剛才投遞的信件。

⑤坐在那個位置？

你決定搭乘特快車前往出差地。由於這趟出差事出突然，因此無法取得對號車票。

不過，也許是早晨的關係，趕忙搭乘而上的特快車裡空無一人。如此一來可自由地挑選喜歡的位置。那麼，你會坐在那個位置？

A、通道邊　B、中央　C、窗邊

⑥裝了多少啤酒？

來到一間啤酒屋。啤酒屋的裝潢精緻，令人覺得舒暢。啤酒屋的經理用陶器的啤酒杯為顧客倒生啤酒。

那麼，你杯裡的啤酒目前倒了多少？

A、幾乎滿杯。

B、半杯左右。

C、只倒了一點點。

⑦喜歡那種動物？

如果要製作以動物為主角的卡通影片，你覺得以下面那個動物最好？

A、大猩猩。

B、麒麟。

C、孔雀。

〈採分〉

做完①～⑦的測驗後，請根據左邊的採分表計算你自己的得分。

問題	A	B	C
1	3	5	1
2	3	5	1
3	3	5	1
4	5	3	1
5	5	3	1
6	1	3	5
7	5	3	1
合計			分

30分以上＝A類型

25～29分＝B類型

19～24分＝C類型

13～18分＝D類型

7～12分＝E類型

A 25 行動派或思索派？

〈解說〉

這是根據緊急情況的判斷或日常的行動，而測試你具備多少拓展自己未來的能力。

①B是最好的方法。

②這是根據如何運用突然的收入，而探討你做為人的涵養度。

③這是由名叫魯基意的學者所考察出來的測驗。據說人在緊急狀況下多半會採取偏左邊的路線。

④一旦投遞之後的信件無法取回。因此，事後的對策應該以A為正確。

⑤也許有許多人選擇窗邊。但是，行動派的人應該會選擇通道側。

⑥對將來具有光明希望的人，越會想像較少的啤酒。

⑦這是調查你潛在性的行動力的測驗。

〈診斷〉

A類型＝積極的行動派

你的決斷力無與倫比。同時，也具備依序地實行你的構想的能力。

面對嶄新的事物具有旺盛的好奇心。渴望挑戰的事如果無法立即實行會坐立難安。

相反地，具有容易生厭的一面，有時可能突然轉變方向而令周遭人大為驚訝。

B＝瞬間行動派

你的心中充滿著各種構想。不過，因缺乏放手一搏的積極性，陷入腳踏兩條船的矛盾。事後恐怕會對自己的行動感到後悔。

但是，你的行動力在緊要關頭會全數發揮出來。當被捲入重大的糾紛或犯下嚴重的失敗時，會發揮驚人的決斷力而通過難關。

平常人會因為打擊而感到挫折，但是，你反而會燃起鬥志奮發向前。

C類型＝安全順應派

對任何事你似乎都喜歡平均平衡。既不積極也不消極，是屬於平凡的普通型。冒險心也屬於平常，稍欠自己主動地採取行動的能力。這種類型在團體中是屬於按部就班地向前努力的人。

面對小糾紛時雖具有決斷力，一旦碰到大問題往往會感到狼狽。

D類型＝慎重遠慮派

你是屬於會鑽牛角尖的人。來到一座未曾渡過的石橋前，會敲敲石面，確信它沒有毀壞之後才會渡橋。

在人生的岐路上，譬如考試、就職、結婚等狀況，會比一般人更為牽腸掛肚。多少會倚賴他人，決斷力稍嫌不足。不過，卻也因而鮮少有重大的失敗。

E類型＝獨創個性派

你是屬於喜歡個人獨處而不擅長在團體生活的人，這種生活方式才能使你發揮個人的光彩。若在可以活用個性的分野上必能大放異彩。

不過，個性操勞，搭車時往往擔心是否會發生車禍等等。

做與日常相反的事情時這種傾向尤為強烈，常因而抹滅冒險心。難以向嶄新的事物挑戰。

Q 26 請憑直覺作答

請依序回答下列1～10的問題。

①朋友所穿著的夾克的鈕釦快要掉了。這時你會怎麼辦？

A、保持沉默。

B、告訴對方鈕釦快掉了。

C、擔心自己鈕釦的狀況。

D、替她修好。

②和朋友一起去兜風。但是，車子到了平交道的正中央卻熄火了。這時，你該怎麼辦？

A、兩人下車來推車。

B、把車子丟棄在原處和朋友移動到安全的場所。

C、朝火車的方向奔跑，舉起手來打訊號。

D、打一一〇求救。

③今天是音樂會入場券的預售日。早晨十點之後開始電話預約售票。

房間裡的時鐘是九點五十分。但是，朋友的時鐘是九點五十五分，而自己的手錶則是九點四十五分。你希望正好是十點的時候打電話預約，這時該怎麼辦？

A、先打電話試試。

B、經過五分後再打電話。

C、打到一一七去問時間。

④一家人坐在餐桌前祈禱。這家的長男在祈禱時腦中想著什麼？

A、今天好累啊！

B、平安無事真好。

C、希望明天也過得順利。

⑤心愛的寵物染患絕症已命在旦夕，如果是你，該怎麼辦？

A、帶它到大自然讓它回歸自然。

B、在其為數不多的生命中盡己所能地疼愛它。

C、嘗試各種治療法。

⑥有一個搭坐木筏在海上漂流的男子。你覺得他後來怎麼樣了？

A、漂流到一座常綠海島悠哉地生活。

B、被前往救助的直昇機所發現正感慶幸時，卻被捲入狂風中。

C、漂流到一處島嶼而被拷問。

⑦有一個男子半開著電話亭的門講電話。站在旁邊的同行女子似乎對他說著什

麼，不過你卻聽不到。

你覺得她對他說什麼呢？

A、打這麼久。

B、到底和誰在說話？

C、讓我也說幾句吧！

D、光會胡扯蛋！

⑧你和朋友一起喝咖啡時，假設糖罐就放在你的眼前。你會怎麼做？

A、把沙糖拿到朋友眼前請他先用。

B、問對方要幾顆沙糖再替他放進杯內。

C、把沙糖放進朋友的杯內後，再放

進自己的杯裡。

D、逕自把沙糖放進自己的杯內

⑨請在下圖的A添加一個線條，使其成為具體的形狀。

⑩請在下圖的B添加線條，盡量做成簡單的圖形。

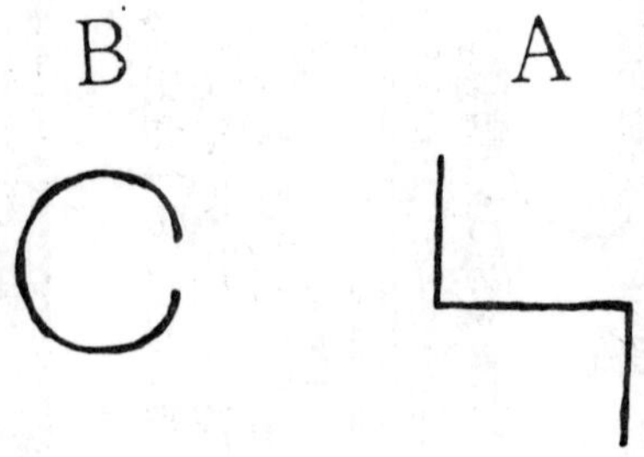

A 26 是否是值得倚賴的人

〈採分〉

做完①～⑩的測驗後，請根據採分表算出自己的總分。算出總分後對照分數與自己的血型，再根據診斷表做判斷。

	A	B	C	D
1	1	3	1	5
2	3	1	5	1
3	1	3	5	
4	1	3	5	
5	1	3	5	
6	5	1	3	
7	3	1	5	5
8	3	5	1	1

〈註〉

測驗9＝變成汽車的形狀是5分，樓梯是3分，家是1分，其他1分。

測驗10＝從這個圖形而變成圓是5分，無法變成圓時是1分。

〈診斷表〉

合計點／血型	10～19分	20～29分	30～39分	40～50分
A型	A	A	B	D
O型	A	B	C	D
B型	B	C	D	E
AB型	B	C	E	E

A類＝受人倚賴的類型

您是否曾經被朋友說和你在一起令人有安全感或很談得來呢？周遭人被你天生的包容力所吸引，而自然地聚集在你的身邊或有事找你商量。

因為，你能夠迅速而靈敏地處理事物，開朗地面對任何狀況。年長者也會對你產生信賴感。

這種傾向在戀愛方面也是一樣，如果妳是女性，可能變成領導男朋友的大姊型情侶。

B類型＝堅實派

你處事謹慎，在採取行動之前會經過各方的檢討，實事求是而不虛應搪塞。屬於沉默寡言型，會依自己的方式穩紮穩打地努力。

雖然在達成目標前頗費時間，然而卻能不慌不忙沉著穩健地處理問題。你的堅實態度受到肯定，周遭人會放心把責任交待給你，因此，也有可能被派些苦差事，譬如擬定計劃或行程的調整等。

不過，即使碰到這類情況，你也會確實地處理妥當。剛開始你的功勞會被周遭人感謝，然而慢慢地會被認為是理所當然，因此，你的負擔會過重，這一點可要小心嘍！

C類型＝臨機應變兩面型

你雖然是值得倚賴的類型，事實上也會倚賴他人。具有在既定的範圍內將自己的份內事處理妥當的順應性，因此，會盡全力處理自己的任務，對於所交待的工作或職務會肩負責任貫徹到底。

但是，你的潛意識裡卻具有倚賴他人的心願。如果你碰到能接納你這種願望的夥伴，會變成凡事仰仗他人的大少爺型，如果對方靠不住時，你又能一肩挑起重責，變成值得倚賴的人。

D類型＝只倚賴特定人的類型

乍看下具有自主性，彷彿大小事都由自己處理、決定。可能被周遭人認為是相當牢靠的人。

但是，這種外表上的剛強，一旦碰到比自己胸襟更為寬廣的人，則雲消霧散。

當找到自認可以信賴的人，則全盤委託對方。這種變化會令周遭人大為驚訝。其實生性渴望倚賴他人，只因為愛慕虛榮而強出頭而已。

不要無理強求，當感到困難時不妨找朋友商量吧！

E類型＝大少爺類型

你不擅長自己處理、判斷事物。碰到問題時即找人商量，尋求援助，如果身旁沒有他人的輔佐，會感到不安。

平常人可以立即付諸實踐的事情也難以獨自採取行動。而慶幸的是，你的周遭常會出現隨時伸出援手的人。

你是屬於大少爺型，個性相當老實。絕不會為了貫徹己見而排擠他人。

不過，永遠停留在大少爺的心態中則難以自立，因此，你必須具有自己主動處理事物的意志。

Q 27 汽車前進的方向？

這是從上空鳥瞰歐洲街道的圖樣。歐洲的街道並沒有我們所熟悉的十字路口。如圖所示這是在圓形的馬路上做成可以四通八達的環狀交通網。

請仔細看左頁的插圖。以噴水池廣場為中心，有六條馬路呈放射線狀飛向其他各個角落。

那麽，你認為汽車是往那個方向行駛呢？

A、六輛汽車全朝中心的噴水池廣場行駛。
B、六輛汽車紛紛從中心的噴水池廣場離開。
C、不清楚朝那個方向。

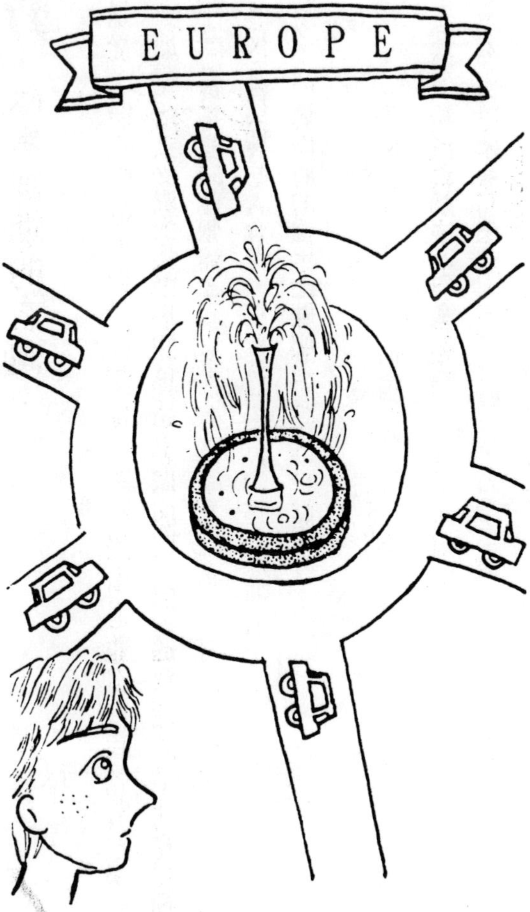
EUROPE

A 27 瞭解目前的狀況

〈解說〉

一般而言，擅長交際的人對事物往往會朝開朗的方向去解釋。因此，看見這種圖畫會直覺地認為汽車是朝向外側離去。

相反地，操勞性的人會覺得汽車是朝中央的噴水池前進。

換言之，位於中心的噴水池廣場是表示你自己本身。

〈診斷〉

A、回答六輛汽車朝中心行駛的人

認為朝向自己本身而來的人具有神經質，略帶懦弱的傾向。如果目前的工作陷入膠著狀態或發生問題時，就認為所有的事情的箭頭似乎都指向自己。

B、回答六輛汽車由中心點朝外側行駛的人

覺得汽車彷彿是遠離中心的噴水公園的人，具有樂天派的傾向。

這乃是目前的狀況良好，充滿著企圖心的證據。

C、回答不太清楚的人

不知汽車行駛的方向的人，心情不穩定、情緒有高有低。

有時也可能是對他人具有懷疑的態度。

Q 28

是什麼搭在氣球上

空中浮現一個氣球。但是，氣球下的籃子裡並沒有看見人影。

你認為這個籃子內裝著什麼？請憑直覺作答。

① 花束
② 情書
③ 蛇
④ 寶石
⑤ 嬰兒

A 28

瞭解與你匹配的類型

〈解說〉

這個測驗可以判斷與你最為搭配的異性類型。

飄浮在空中的氣球表示「自己」，而氣球所搬運的物品則表示你所「追求的東西」。

根據你的想像可以探討你所追求的內容。

①和②是較女性化的構想。而③則是男性化的願望。④是渴望變得貌美。⑤是表示對家庭生活的願望，亦即對婚姻的期待。

〈診斷〉

選擇①的女性

和你匹配的是，個性較為柔和的男性，似乎是外貌顯得英挺，對音樂等藝術具有興趣的人。

妳在這種男性的身旁心情會覺得開朗吧！妳的對象也許和電視明星有點類似。

選擇①的男性

貌美如花的女性與你最為搭配。你似乎和喜好獨自閱讀，而不想和衆人喧鬧的異性較為匹配。

這種類型的女性，對人的好惡區分得極為淸楚，對喜歡的人會表現熱心。

選擇②的女性

妳的個性溫和不與人爭，不耐寂寞又略帶有內向性格。因此，能夠溫柔地包容妳，身材碩壯的男性似乎較適合妳。這種男性的周遭經常跟隨著許多同伴。對吃極有興趣，談吐也風趣，你們二人的約會總是充滿著歡笑、愉快的氣氛。

選擇②的男性

你似乎和你的年齡差距較大的女性較為匹配。

諸如學妹或部屬、公司的晚輩或弟妹的朋友等，像是你的妹妹一樣令你疼愛的女性。其中尤以具有同樣的興趣，又不會逞強管他人閒事的內向性格者最為適合吧！

選擇③的女性

妳所適合的男性是運動員類型，行動敏捷、個性坦率、具有男子氣概的男性。

這種男性平常雖然沉默寡言，一旦和妳獨處即會熱情地表白內在心事。即使乍看下顯得冷淡，但在緊要的關頭會表現特別的溫柔與體貼，是值得令人倚賴的類型。

選擇③的男性

與你搭配的異性是個性開朗，富有幽默感而外表可愛的女孩。最適合的是圓圓的臉孔，身材嬌小的女性。即使有所不快也不會哭泣胡鬧，感情的起伏不會呈現在臉上或言詞上的類型最為理想。

選擇④的女性

身材高䠷，體格碩壯，態度恭謹的男性最適合妳。這種男人充滿著男性的魅力，性格堅韌不拔，能夠迅速而準確地處理工作。

也算是有點渴望引人注目的類型。不過，鮮少說奉承話。

選擇④的男性

對工作或休閒活動積極地參與，即使失敗也不感到挫折，反而愈戰愈勇的女性與你最為搭配。

這種女性會重視自己的夢想，一步一步地紮實努力，具有堅強的耐力。

同時，也富有強烈的正義感、個性認真，討厭不正的勾當。

選擇⑤的女性

乍看下並不太醒目，交往之後卻慢慢地顯現其優點的男性，最適合妳。

也許初次見面時並不來電，然而認識對方之後，交往日久也許將深深地被他的魅力所吸引。

選擇⑤的男性

雖然在流行服飾或化妝方面顯得較為樸素而引人注目，然而藉由交談會令人感受其內在的溫柔並覺得心曠神怡的女性，與你最為搭配。

這種女性鮮少動怒，總是保持開朗的態度，也不好事強出頭。似乎在女性間的人緣頗高。體型上是屬於嬌小而豐滿的類型。

Q
29

要不要來一根煙？

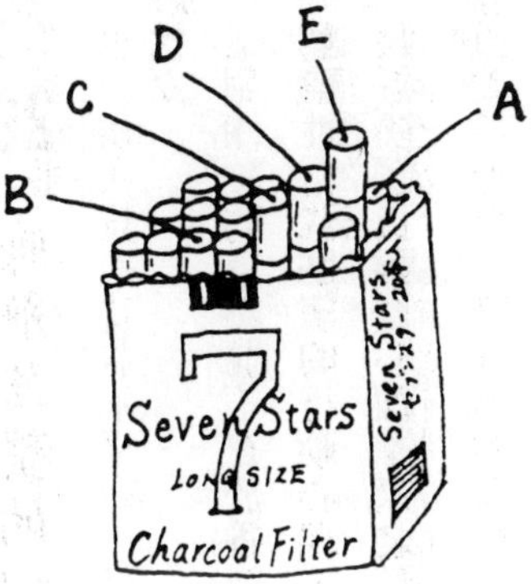

最近各公司行業部流行禁煙活動，對老煙槍們而言，可是件痛苦的事。

但是，入夜的街道上有一家商店卻請人抽煙。

這家商店掏出如圖所示的香煙。

如果是你，會挑選那一根香煙呢？

A 29 瞭解慾望的關鍵在此

〈解說〉

這個測驗的重點並不在於香煙。而是根據一般人對遞到眼前的物品之選擇方法，所隱藏的認識性格或慾望的行動心理，從而探討其內在的衝動。

最近除了貝爾傑心理學家之外，在歐美各國已有越來越多的研究人類動作與性格之間的關連。

〈診斷〉

選擇A的人——安全主義者，可以用冷靜的態度判斷事物。在商場上正值好運當頭，應該可以順利地進行新的計劃吧！即使已經放棄的構想、企劃，也可試著積極地進行。不過，賭博運不太好。

選擇B的人——不要因過於鑽牛角尖或吝嗇而錯失良機。雖然客觀地分析事物、傾聽他人的建議再採取行動乃在所必要，然而過於消極反而會有負面的影響。希望你能提起勇氣積極地招福納運。

選擇C的人——如果選錯商量的對象或協助者，恐怕會造成嚴重的後果。在您有機可乘時很容易被他人所矇騙。賭博運也離你遠去，因此，最好不要涉足賭博行為。不論工作或遊戲都要適可而止。

選擇D的人——開朗而生性樂觀的人。積極地與周遭人接觸時，幸運之神將對你青睞。在工作方面和以往完全迴異的分野上，有一個能發揮你才能的機會來臨。同時，也許令你感到意外的異性，會對你產生好感而過從甚密。

選擇E的人——天生是個極具個性的人，在工作上以獨創性的構想發揮長才。也有賭博運。

第五章　夢與心理的奇妙關係

人無時不刻在作夢。在現實生活中渴望變成某種狀況是一種夢，而入眠之後腦中所浮現的各種影像、意念也是夢。

不論那一種狀況都和該人的本質有密不可分的關係。舉凡意識中所思考的問題或無意中耿耿於懷的景況，藉由夢的解析可以清楚地瞭解個人目前所處的立場。

夢的解析對於解決自己的煩惱或緩和對現實的慾求不滿有極大的功效。

Q 30 歡迎進入夢的世界！

以下針對你這幾年來的夢做一些基本上的測驗。請輕鬆地作答。對於各個問題請挑選與自己最為符合的一個答案。

〈測驗1〉

你作夢的程度如何？

即使你不太清楚夢的內容也無妨。

①鮮少作夢。

②作夢的情況不規則。

③一個禮拜一次左右。

④一個月一次左右。

⑤每天作夢。
⑥假日或其前日會作夢。

〈**測驗2**〉
什麼時候能清楚地憶起作夢的內容？
①起床後立即可憶起夢的內容。
③隨時都能憶起夢的內容。
④做單純的作業或無聊的旅行時。
⑤在偶然的機會裡會想起。
⑥做同樣的夢時。

〈**測驗3**〉
睡眠的狀況如何？

①完全漆黑的狀態。
②打開日光燈或檯燈。
③隨時能夠打開電燈的狀態。

〈測驗4〉

當持續睡眠不足或壓力太多時，會怎麼辦？

①睡一整天。
②白天忍不住打瞌睡。
③較淺睡，深夜會醒來。
④睡十～十二個鐘頭。
⑤經常沈溺於幻想。
⑥連續數日做非常清楚的夢。

〈測驗5〉

睡醒時的情況如何？

①每天在同一個時候睡醒。
②用鬧鐘叫醒。
③每天起床的時間不同。
④很難變更起床的時間。
⑤在想起床的時間自然會睡醒。
⑥如果沒有鬧鐘就起不來。

〈測驗6〉

你的睡眠狀態是？

①自認睡得淺。
②自認睡得深。
③屬於一般狀況。

☆回答1～6的問題之後請根據左表找出代表你的答案的英文字母。

	問題1	問題2	問題3	問題4	問題5	問題6
①	A	E	D	D	A	E
②	F	D	C	B	B	A
③	C	C	B	E	C	F
④	D	A		A	D	
⑤	E	B		F	E	
⑥	B	F		C	F	

☆其次，算出各個英文字母的個數，譬如，A○個、B○個。

然後將此對照診斷表。

請算出「A數和D數的合計」、「B數和F數的合計」、「C數和E數的合計」等三個數目。這三個數目中最大的就是你的得分。

如果有兩個項目同分，可能是符合兩種類型，請仔細閱讀次頁解說，參照與自己較為接近的內容。

夢的實態並不明確，因此，由自己做選擇也是重點之一。

〈診斷表〉

	A	D	B	F	C	E
數						
合計						

A 30

做夢的方式暴露真正的自己

〈解說〉

本測驗可以做夢的方式瞭解你的性格。不過，這裡所歸納出的性格是否就是你的性格，只有你自己明白。

有的人認為和現實的自己一模一樣，而有的人則認為簡直判若兩人。

如果夢所顯示的性格和自己完全不同，也許你具有雙重人格吧？

〈診斷〉

「A＋D」最多的人＝被動的夢想家

這種人對任何事都漠不關心，連做夢本身也毫無所覺。

但是，這種人並非從無夢想，因此，今後也可能因心態的轉變而有急速的飛躍成長。

換言之，努力回想自己所做的夢並給予追求，必有嶄新的發現。
這種人是屬於喜好知性娛樂的理論派。
雖然感受性強，卻不在人前表現心思的細膩，也不好爭執。
也喜歡向新的事物挑戰。

「B＋F」最多的人＝附帶條件的夢想家

你雖然記得所做過的夢，很可惜的是並不太留意。
但是，我們無法斷言夢和自己毫無關係。請你務必回想曾做過的夢，並揣測各種現象。也許你會發現意外的事實。
這種人是我行我素，獨自開創前程的獨斷型。
具有平息爭執的才幹，在各個方面富有創意。

「C＋E」最多的人＝積極的夢想家

這種類型者對夢極有興趣。夢的內容記得非常清楚，也會嘗試做夢的解析。

這是富有想像力的浪漫主義者。

不但自動自發，也具有身為領導者的統率力。

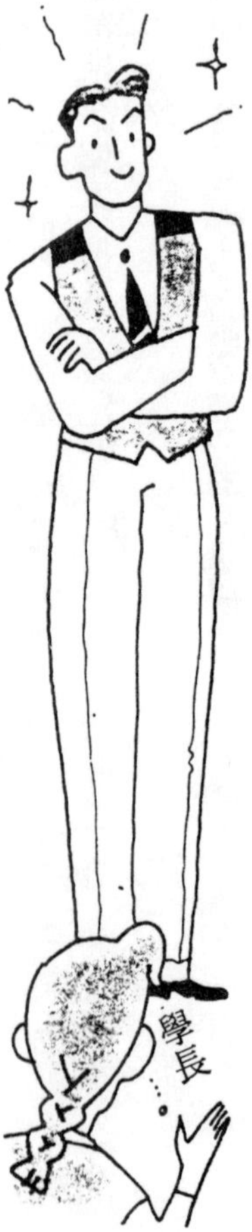

Q 31 做什麼樣的夢？

據說任何人幾乎每晚都做夢。只不過很容易忘記，而有許多人覺得自己並不太做夢。

做夢的內容因人而異，不過，卻也能做某種程度的分類。

下面四種類型中，你最常做的夢是那一種？

A、常做跌落或墜落的夢。
B、常做上升或飛翔的夢。
C、常做攻擊的夢。
D、常做被襲擊的夢。

A31

瞭解你的性格與愛情

〈解說〉

據說夢是人內在感情的鏡子。當人入眠之後理性也跟著進入沈睡，然而感情卻持續著活動。而內心深處的想念會變成夢呈現出來。

你經常做的夢若大致區分，應可符合其中的某一個類型。我們就根據夢所代表的涵意來探討你的性格與愛情。

〈診斷〉

A、常做跌落或墜落的夢的人

常做這種夢的人個性一絲不苟、重視義理人情。一絲不苟是不會變更既有的觀念而貫徹到底的性格，由於過於保守有時很難迅速地靈機一轉。一旦決定行動之後若不貫徹到底則誓不干休。

經常打扮整潔，非常討厭邋遢懶散。憎惡草率隨便，絕不會在約定的時間遲到。這種堅實認真的態度，會令人覺得踏實並寄予重任，不過，有時卻也會被人認為是枯燥無味缺乏融通性的人。

所交往的朋友若和自己的類型不同，則無法接受。若是女性，個性可能有些嚴厲。往往要求男友也和自己一樣端正整齊，絕不允許邋遢懶散的人。

這種人較重視精神之愛勝於性愛行為，男女雙方的心靈溝通是其最大的喜悅。雖然不擅長社交令人有難以親近之感，卻是可以安心交往的人。

即使有中意的對象，也無法立即向對方傳達自己的心意，只慎重地等候對方的心轉向自己。抱有好感的對象似乎多半是和自己的性格正好相反的人。

KTV
HOTEL BI
最重要的
是心啊！
飯店
…

B、常做上升或飛翔的夢的人

經常做這種夢的人個性開放，能夠適應周遭的變化。待人和善，朋友也多。生性活潑好動、無法靜待守候。精力充沛，具有老大氣質，無法拒絕他人的央求。但是，略帶有魯莽行事的傾向，有時會因欠缺謹慎造成禍源而失敗。不過，個性堅強剛毅，絕不認為失敗是一種失敗。

如果女性常做這類型的夢，是具有「渴望成為男性」的願望，多半是活力充沛、不讓鬚眉的類型。

在戀愛方面也積極地採取主動。毫不猶豫地會向對方表示自己的熱切思念。不過，請不要忘了對方的感覺。

C、常做攻擊的夢的人

常做這類夢的人在日常生活中是屬於冷酷的利己主義者。但是，其實是專斷自為、任性、陰晴不定的性格。由於渴望受周遭人矚目，即使作法虛榮也要使自己突出。

所交往的朋友多半是尊敬自己或奉承自己的人。因為，對於具有實力的人總視之為勁敵，而帶有強烈的反感。當這種意識抬頭時甚至會到處散佈中傷對方的謠言。

由於自知實力不足，而擅長利用他人來標榜自己。雖然偶而也會幫助他人，事實上，這無非是渴望他人讚美自己是「親切的人」的企圖使然。

這種類型者在戀愛方面也表現冷靜。具有成為花花公子、花花女郎的傾向。把結婚和戀愛釐清界線，似乎認為戀愛是一種遊戲。

如果是男性，擅長製造情調以誘惑女性，會說些博得女性歡心的甜言蜜語。由於對氣氛掌握得宜，女性本來只想一起喝喝茶別無他意，卻不知不覺地甘心走進飯店。

經常作攻擊型的夢的女性，與生俱有受他人疼愛的才幹。也許具備令對方莫名地感到似乎對自己有意的技巧吧！身邊總有無數的男性在旁吹捧起鬨，對自己深具信心。且認為這種情況乃是理所當然。

不論男性或女性總是不停地追求嶄新的事物，因此，談戀愛的層面是廣而淺。有時分明是自己風流成性，卻會表現向對方吃醋的一面。同時，生性好爭，可能連並不喜歡的朋友的情人也要劫奪。

很容易陷入危險之戀的，也是這種類型者。

D、常做被襲擊的夢的人

常做這種夢的人對事物很容易感到迷惘而處於被動的立場。鮮少自己主動地開拓前程而被他人操縱、擺佈。

當自己想做某種判斷時，常會感到不知所措，因此覺得還是倚賴他人較為輕鬆吧！也許對現狀有各種的不滿，然而要涉足打破僵局的另一個新的世界卻感到迷惘。雖然渴望突破目前的僵局，卻往往在猶豫不決之下而維持現狀。

在人際關係方面非常在意對方如何看待自己。偏向於擔心別人認定自己是不中用的人的心態，生性敏感，常為無謂的小事而坐困愁城。

由於思慮過深很容易變成處心積慮、嫉妒心強的類型。對戀愛中的對方的行動總是牽腸掛肚。因此，無法碰見情人時，渴望對方至少能打通電話來，如果沒有電話連絡，則胡思亂想而逕自煩惱。個性難耐寂寞，很難忍受被人放逐、疏離。

即使和情人決定結婚也會迷惑，這個決定是否妥當而變得不起勁，若是出現其他條件較好的人時產生動搖。

Q 32

黑暗中突然出現的是？

也許是不知不覺地睡著吧！你在夢中處於獨自位在黑暗中的情況。這時，突然出現某個東西。那麼，是下列中的那一個呢？

A、魔鬼
B、猛獸
C、蛇
D、父母
E、朋友
F、明星
G、鳥

A 32 感情或思考的表象

〈解說〉

夢中所出現的人物或生物是解析夢境的重要象徵。因為，這乃是象徵你自己本身的感情及思考。

〈診斷〉

A、魔鬼

如果出現魔鬼而沒有任何危害你的跡象，是好運的徵兆。不過，如果是令人恐怖的夢則是警戒的訊息。

魔鬼以黑影的狀態出現時，是你渴望消除所擔憂的事的時候。若以恐龍或怪獸的姿態出現，是表示你的本能。恐龍或怪獸獸性大發時乃是你自己本身控制住本能。如果出現亡魂，是催促自我反省的時候。另外也可能是身體出現異常。

B、猛獸

一般而言，獅子或老虎等猛獸是表示對男性的恐懼。

如果妳是女性，在黑暗中被突然冒出來的獅子追逐得無處可逃時，那隻獅子是想要接近妳的男性。而無處可逃是表示妳不願脫逃的真心。

如果夢境是猛獸對你表現馴服、順從的狀況，猛獸可能是父親。這也許是渴望平日深感畏懼的父親能順從己意。

C、蛇

據說是男性性器的象徵。因此，出現在夢中的蛇多半是表示性方面的剛強或性慾求。而據說古來蛇的夢是一種吉兆，如果出現許多蛇，是意味著勝利、財運的來到。但是，被蛇纏身的夢是疾病的預兆，可要注意。不過，如果是毒蛇則是吉兆。

D、父母

夢中的父親一般而言是權威、尊敬的象徵。也可以說是強烈地支配你的存在。相對地，母親是象徵道德、倫理。許多人不論長到多大歲數都會夢見母親，這乃是碰到心酸的事情渴望有人依偎，或做錯事祈求寬恕的心情的表露。

E、朋友

如果黑暗中所出現的是好友，那麼，這位好友是反映你自己的心理。換言之，好友的行為等於是你的慾望。

如果出現昔日的好友，是表示你正面對無法順遂己意的情況，或渴望在困境中得救的心願。

對自己有自信的人在夢中會出現勁敵。這乃是不願意輸給對方的企圖心的表現，可說是相當好強的人。

F、明星

如果出現籠罩在聚光燈下的明星，即可清楚地明白你的自我形象。

譬如，如果向那位明星打招呼卻被視若無睹時，是表示你的自我形象懦弱。你是以「反正自己不中用」的念頭看待自己。另外，如果夢境是與那位明星表現親密的舉動，則是自我顯示慾強的表現。

做這類夢的人在人際關係上具有企圖心，不過，很容易感情用事，可能變成製造糾紛者。

G、鳥

夢中所出現的鳥幾乎都是好事當頭的前兆。鳥振翅高飛的夢是意味自己所具有的實力能發揮出來。同時，鳥是和平的象徵，如果在黑暗中振翅飛翔，可以說是比常人更渴望追求和平。

如果是平常被迫處於焦躁狀態下的人，則在精神方面渴望獲得鬆弛。

Q 33 帶什麼去無人島？

突然決定到無人島去。事出緊急並沒有時間回家準備。只準備了一個月份的水和食糧。如果可從下列的項目中攜帶一件物品，你會帶什麼去呢？

A、撲克牌
B、肥皂
C、小刀
D、時鐘
E、燈
F、昂貴的食器

A 33

內心深處所渴望的事物

〈解說〉

佯稱自己沒有煩惱的樂觀主義者，其實在自己的無意識中，也有某種煩惱或強烈的渴望。這個測驗中所要帶去的物品，是象徵自認為重要的價值。

〈診斷〉

A、撲克牌

你對周遭的複雜人際關係感到煩惱、疲倦。詢問各種人的意見之後，反而不知如何採取行動的時候。

同時，面對必須下決斷的問題卻茫無頭緒，想逃避問題、自覺難以解決的時候。

B、肥皂

選擇肥皂的人具有洗淨自己的罪惡，使罪孽深重的魂魄反璞歸真的願望。肥皂是表示自己的責任感、道德觀，所以，選擇這個項目的人個性非常認真。

C、小刀

平常小刀是做為武器使用，也有人認為是性象徵。如果你認為性關係是激烈的攻擊行為，也許對性愛有強烈的慾求。

同時，也可能是具有自卑感的情況。平常在不利的立場強制忍受，或因個性內向而愁眉不展的人，意外地會手拿利刃與自己的自卑感搏鬥。

D、時鐘

在人生中或特定的際遇裡擔心自己可能失敗的時候。甚至還混雜著對死亡的恐懼與不安。在讀書或工作上無法順遂己意時，時鐘的滴答聲會令你感到焦躁。你渴望乾脆不要有時鐘，而這也是一種不安。你的景況也許類似這樣的場合吧！

E、燈

選擇燈的人具有把光照射，令自己煩惱的事物的願望。換言之，渴望立即能解決目前令你大傷腦筋的問題。在戀愛方面比一般人更迫切地想要瞭解、知道對方的心情。

F、昂貴的食器

從食器是裝盛食物這一點看來，是表示生活的富裕或愛情的豐收。選擇昂貴又美觀食器的人，是渴望有豐裕的生活或溫暖的家庭。

Q 34 想知道未來？

所謂光陰似箭，歲月的消逝只令人徒嘆腳步之快難以挽回。相反地，若想到往後十年的光陰，則令人有遙不可及之感。你覺得十年後自己在做什麼呢？碰到這樣的問題大概難以立即作答吧！但是，你的眼前出現一名魔術師。他說特地前來告訴你的未來。那麼，請問你會怎麼辦？

A、認為事先知道往後的人生，可避免無謂的煩惱，因此，務必請魔術師賜教。
B、暫且讓魔術師告訴你明日整天的景況。
C、暫且讓魔術師告訴你未來一年的情況。
D、不必急在此時此刻，在必要的時候再讓魔術師告訴你。
E、雖然有興趣，卻不渴望知道未來。

A 34　探討你的人生觀

〈解說〉

對自己的未來渴望能知道多少，藉此可以瞭解你的「人生觀」。

〈診斷〉

A、回答務必請對方提示的人

屬於好奇心強的類型。同時具備有滿足自己的好奇心的勇氣與實行力。不過，是個結果至上主義者。常以結果來判斷一切的事物，因此，往往忽視達成結果之前的努力。

B、回答暫且告知明日整天景況的人

慎重派，首先考慮自己的責任而採取行動的類型。會徹底實行自己所被交待的工作或職務，在旁人眼中是個認真踏實的人。

C、回答暫且告知未來一年景況的人

對未來具有夢想的人。對未來的期許極大、等候機會來臨。

D、回答必要時才告知自己的人

簡言之，是個合理主義者。具有個人的見解主張，能迅速地處理事物的人。

E、回答不願知道自己未來的人

態度認真而不惜努力的類型。道德觀、宗教信念特別強，會貫徹所秉持的理念。即使發生糾紛也不會感到挫折，會一步步地積極努力直到捱過難關。

大展出版社有限公司	圖書目錄
地址：台北市北投區11204 致遠一路二段12巷1號 郵撥： 0166955～1	電話：(02) 8236031 8236033 傳眞：(02) 8272069

•法律專欄連載• 電腦編號58

台大法學院 法律學系／策劃 法律服務社／編著

①別讓您的權利睡著了[1]	180元
②別讓您的權利睡著了[2]	180元

•趣味心理講座• 電腦編號15

①性格測驗1	探索男與女	淺野八郎著	140元
②性格測驗2	透視人心奧秘	淺野八郎著	140元
③性格測驗3	發現陌生的自己	淺野八郎著	140元
④性格測驗4	發現你的真面目	淺野八郎著	140元
⑤性格測驗5	讓你們吃驚	淺野八郎著	140元
⑥性格測驗6	洞穿心理盲點	淺野八郎著	140元
⑦性格測驗7	探索對方心理	淺野八郎著	140元
⑧性格測驗8	由吃認識自己	淺野八郎著	140元
⑨性格測驗9	戀愛知多少	淺野八郎著	140元

•婦 幼 天 地• 電腦編號16

①八萬人減肥成果	黃靜香譯	150元
②三分鐘減肥體操	楊鴻儒譯	130元
③窈窕淑女美髮秘訣	柯素娥譯	130元
④使妳更迷人	成　玉譯	130元
⑤女性的更年期	官舒妍編譯	130元
⑥胎內育兒法	李玉瓊編譯	120元
⑦愛與學習	蕭京凌編譯	120元
⑧初次懷孕與生產	婦幼天地編譯組	180元
⑨初次育兒12個月	婦幼天地編譯組	180元
⑩斷乳食與幼兒食	婦幼天地編譯組	180元
⑪培養幼兒能力與性向	婦幼天地編譯組	180元
⑫培養幼兒創造力的玩具與遊戲	婦幼天地編譯組	180元

⑬幼兒的症狀與疾病	婦幼天地編譯組	180元
⑭腿部苗條健美法	婦幼天地編譯組	150元
⑮女性腰痛別忽視	婦幼天地編譯組	130元
⑯舒展身心體操術	李玉瓊編譯	130元
⑰三分鐘臉部體操	趙薇妮著	120元
⑱生動的笑容表情術	趙薇妮著	120元
⑲心曠神怡減肥法	川津祐介著	130元
⑳內衣使妳更美麗	陳玄茹譯	130元
㉑瑜伽美姿美容	黃靜香編著	150元

•青春天地•電腦編號17

①A血型與星座	柯素娥編譯	120元
②B血型與星座	柯素娥編譯	120元
③O血型與星座	柯素娥編譯	120元
④AB血型與星座	柯素娥編譯	120元
⑤青春期性教室	呂貴嵐編譯	130元
⑥事半功倍讀書法	王毅希編譯	130元
⑦難解數學破題	宋釗宜編譯	130元
⑧速算解題技巧	宋釗宜編譯	130元
⑨小論文寫作秘訣	林顯茂編譯	120元
⑩視力恢復！超速讀術	江錦雲譯	130元
⑪中學生野外遊戲	熊谷康編著	120元
⑫恐怖極短篇	柯素娥編譯	130元
⑬恐怖夜話	小毛驢編譯	130元
⑭恐怖幽默短篇	小毛驢編譯	120元
⑮黑色幽默短篇	小毛驢編譯	120元
⑯靈異怪談	小毛驢編譯	130元
⑰錯覺遊戲	小毛驢編譯	130元
⑱整人遊戲	小毛驢編譯	120元
⑲有趣的超常識	柯素娥編譯	130元
⑳哦！原來如此	林慶旺編譯	130元
㉑趣味競賽100種	劉名揚編譯	120元
㉒數學謎題入門	宋釗宜編譯	150元
㉓數學謎題解析	宋釗宜編譯	150元
㉔透視男女心理	林慶旺編譯	120元
㉕少女情懷的自白	李桂蘭編譯	120元
㉖由兄弟姊妹看命運	李玉瓊編譯	130元
㉗趣味的科學魔術	林慶旺編譯	150元
㉘趣味的心理實驗室	李燕玲編譯	150元
㉙愛與性心理測驗	小毛驢編譯	130元

㉚刑案推理解謎	小毛驢編譯	130元
㉛偵探常識推理	小毛驢編譯	130元
㉜偵探常識解謎	小毛驢編譯	130元
㉝偵探推理遊戲	小毛驢編譯	130元
㉞趣味的超魔術	廖玉山編著	150元
㉟		

• 健 康 天 地 • 電腦編號18

①壓力的預防與治療	柯素娥編譯	130元
②超科學氣的魔力	柯素娥編譯	130元
③尿療法治病的神奇	中尾良一著	130元
④鐵證如山的尿療法奇蹟	廖玉山譯	120元
⑤一日斷食健康法	葉慈容編譯	120元
⑥胃部強健法	陳炳崑譯	120元
⑦癌症早期檢查法	廖松濤譯	130元
⑧老人痴呆症防止法	柯素娥編譯	130元
⑨松葉汁健康飲料	陳麗芬編譯	130元
⑩揉肚臍健康法	永井秋夫著	150元
⑪過勞死、猝死的預防	卓秀貞編譯	130元
⑫高血壓治療與飲食	藤山順豐著	150元
⑬老人看護指南	柯素娥編譯	150元
⑭美容外科淺談	楊啟宏著	150元
⑮美容外科新境界	楊啟宏著	150元

• 實用心理學講座 • 電腦編號21

①拆穿欺騙伎倆	多湖輝著	140元
②創造好構想	多湖輝著	140元
③面對面心理術	多湖輝著	140元
④偽裝心理術	多湖輝著	140元
⑤透視人性弱點	多湖輝著	140元
⑥自我表現術	多湖輝著	150元
⑦不可思議的人性心理	多湖輝著	150元
⑧催眠術入門	多湖輝著	150元

• 超現實心理講座 • 電腦編號22

①超意識覺醒法	詹蔚芬編譯	130元
②護摩秘法與人生	劉名揚編譯	130元
③秘法！超級仙術入門	陸　明譯	150元

④給地球人的訊息	柯素娥編著	150元
⑤密教的神通力	劉名揚編著	130元

•心 靈 雅 集• 電腦編號00

①禪言佛語看人生	松濤弘道著	150元
②禪密教的奧秘	葉逯謙譯	120元
③觀音大法力	田口日勝著	120元
④觀音法力的大功德	田口日勝著	120元
⑤達摩禪106智慧	劉華亭編譯	150元
⑥有趣的佛教研究	葉逯謙編譯	120元
⑦夢的開運法	蕭京凌譯	130元
⑧禪學智慧	柯素娥編譯	130元
⑨女性佛教入門	許俐萍譯	110元
⑩佛像小百科	心靈雅集編譯組	130元
⑪佛教小百科趣談	心靈雅集編譯組	120元
⑫佛教小百科漫談	心靈雅集編譯組	150元
⑬佛教知識小百科	心靈雅集編譯組	150元
⑭佛學名言智慧	松濤弘道著	180元
⑮釋迦名言智慧	松濤弘道著	180元
⑯活人禪	平田精耕著	120元
⑰坐禪入門	柯素娥編譯	120元
⑱現代禪悟	柯素娥編譯	130元
⑲道元禪師語錄	心靈雅集編譯組	130元
⑳佛學經典指南	心靈雅集編譯組	130元
㉑何謂「生」 阿含經	心靈雅集編譯組	130元
㉒一切皆空 般若心經	心靈雅集編譯組	130元
㉓超越迷惘 法句經	心靈雅集編譯組	130元
㉔開拓宇宙觀 華嚴經	心靈雅集編譯組	130元
㉕真實之道 法華經	心靈雅集編譯組	130元
㉖自由自在 涅槃經	心靈雅集編譯組	130元
㉗沈默的教示 維摩經	心靈雅集編譯組	130元
㉘開通心眼 佛語佛戒	心靈雅集編譯組	130元
㉙揭秘寶庫 密教經典	心靈雅集編譯組	130元
㉚坐禪與養生	廖松濤譯	110元
㉛釋尊十戒	柯素娥編譯	120元
㉜佛法與神通	劉欣如編著	120元
㉝悟（正法眼藏的世界）	柯素娥編譯	120元
㉞只管打坐	劉欣如編譯	120元
㉟喬答摩•佛陀傳	劉欣如編著	120元
㊱唐玄奘留學記	劉欣如編譯	120元

㊲佛教的人生觀	劉欣如編譯	110元
㊳無門關（上卷）	心靈雅集編譯組	150元
㊴無門關（下卷）	心靈雅集編譯組	150元
㊵業的思想	劉欣如編著	130元
㊶佛法難學嗎	劉欣如著	140元
㊷佛法實用嗎	劉欣如著	140元
㊸佛法殊勝嗎	劉欣如著	140元
㊹因果報應法則	李常傳編	140元
㊺佛教醫學的奧秘	劉欣如編著	150元

•經 營 管 理•電腦編號01

◎創新經營管理六十六大計（精）	蔡弘文編	780元
①如何獲取生意情報	蘇燕謀譯	110元
②經濟常識問答	蘇燕謀譯	130元
③股票致富68秘訣	簡文祥譯	100元
④台灣商戰風雲錄	陳中雄著	120元
⑤推銷大王秘錄	原一平著	100元
⑥新創意•賺大錢	王家成譯	90元
⑦工廠管理新手法	琪　輝著	120元
⑧奇蹟推銷術	蘇燕謀譯	100元
⑨經營參謀	柯順隆譯	120元
⑩美國實業24小時	柯順隆譯	80元
⑪撼動人心的推銷法	原一平著	120元
⑫高竿經營法	蔡弘文編	120元
⑬如何掌握顧客	柯順隆譯	150元
⑭一等一賺錢策略	蔡弘文編	120元
⑮世界經濟戰爭	約翰•渥洛諾夫著	120元
⑯成功經營妙方	鐘文訓著	120元
⑰一流的管理	蔡弘文編	150元
⑱外國人看中韓經濟	劉華亭譯	150元
⑲企業不良幹部群相	琪輝編著	120元
⑳突破商場人際學	林振輝編著	90元
㉑無中生有術	琪輝編著	140元
㉒如何使女人打開錢包	林振輝編著	100元
㉓操縱上司術	邑井操著	90元
㉔小公司經營策略	王嘉誠著	100元
㉕成功的會議技巧	鐘文訓編譯	100元
㉖新時代老闆學	黃柏松編著	100元
㉗如何創造商場智囊團	林振輝編譯	150元
㉘十分鐘推銷術	林振輝編譯	120元

㉙五分鐘育才	黃柏松編譯	100元
㉚成功商場戰術	陸明編譯	100元
㉛商場談話技巧	劉華亭編譯	120元
㉜企業帝王學	鐘文訓譯	90元
㉝自我經濟學	廖松濤編譯	100元
㉞一流的經營	陶田生編著	120元
㉟女性職員管理術	王昭國編譯	120元
㊱ＩＢＭ的人事管理	鐘文訓編譯	150元
㊲現代電腦常識	王昭國編譯	150元
㊳電腦管理的危機	鐘文訓編譯	120元
㊴如何發揮廣告效果	王昭國編譯	150元
㊵最新管理技巧	王昭國編譯	150元
㊶一流推銷術	廖松濤編譯	120元
㊷包裝與促銷技巧	王昭國編譯	130元
㊸企業王國指揮塔	松下幸之助著	120元
㊹企業精銳兵團	松下幸之助著	120元
㊺企業人事管理	松下幸之助著	100元
㊻華僑經商致富術	廖松濤編譯	130元
㊼豐田式銷售技巧	廖松濤編譯	120元
㊽如何掌握銷售技巧	王昭國編著	130元
㊾一分鐘推銷員	廖松濤譯	90元
㊿洞燭機先的經營	鐘文訓編譯	150元
51ＩＢＭ成功商法	巴克・羅傑斯著	130元
52新世紀的服務業	鐘文訓編譯	100元
53成功的領導者	廖松濤編譯	120元
54女推銷員成功術	李玉瓊編譯	130元
55ＩＢＭ人才培育術	鐘文訓編譯	100元
56企業人自我突破法	黃琪輝編著	150元
57超級經理人	羅拔・海勒著	100元
58財富開發術	蔡弘文編著	130元
59成功的店舖設計	鐘文訓編著	150元
60靈巧者成功術	鐘文訓編譯	150元
61企管回春法	蔡弘文編著	130元
62小企業經營指南	鐘文訓編譯	100元
63商場致勝名言	鐘文訓編譯	150元
64迎接商業新時代	廖松濤編譯	100元
65透視日本企業管理	廖松濤　譯	100元
66新手股票投資入門	何朝乾　編	180元
67上揚股與下跌股	何朝乾編譯	150元
68股票速成學	何朝乾編譯	180元
69理財與股票投資策略	黃俊豪編著	180元

國立中央圖書館出版品預行編目資料

性格測驗 11 敲開內心玄機／淺野八郎著
；李玉瓊譯 --初版 --臺北市：大展，民83
面； 公分 --（趣味心理講座；11）
譯自：性格グーム 第11集 あなたのココロの奧を解く
ISBN 957-557-443-5（平裝）

1. 心理測驗

179 83003323

本書原名：性格ゲーム・第11集
あなたのココロの奧を解く
原発行所：KKベストセラーズ

版權仲介：京王文化事業有限公司

性格測驗⑪ **敲開內心玄機** ISBN 957-557-443-5

原著者／淺野八郎
編譯者／李玉瓊
發行人／蔡森明
出版者／大展出版社有限公司
社址／台北市北投區（石牌）致遠一路二段12巷1號
電話／(02) 8236031・8236033
傳真／(02) 8272069
郵政劃撥／0166955－1
登記證／局版臺業字第2171號
承印者／高星企業有限公司
裝訂／日新裝訂所
排版者／千賓電腦打字有限公司
電話／（02）8836052
初版／1994年（民83年） 5月
2刷／1995年（年84年）10月
定價／140元

大展好書 好書大展

大展好書 好書大展